"绿色制造公共服务提升与政府绿色制

U0666966

世界银行中国经济改革促进与能力加强项目（TCC6）子项目

绿色制造典型案例集

工业和信息化部电子第五研究所
中国绿色制造联盟　　主编

经济管理出版社
ECONOMY & MANAGEMENT PUBLISHING HOUSE

图书在版编目（CIP）数据

绿色制造典型案例集/工业和信息化部电子第五研究所　中国绿色制造联盟主编 . —
北京：经济管理出版社，2021.7
ISBN 978-7-5096-8124-4

Ⅰ . ①绿…　Ⅱ . ①工…②中…　Ⅲ . ①制造工业—无污染技术—案例—中国　Ⅳ .
①F426.4

中国版本图书馆 CIP 数据核字（2021）第 136492 号

组稿编辑：张莉琼
责任编辑：张莉琼
责任印制：张莉琼
责任校对：张晓燕

出版发行：经济管理出版社
　　　　　（北京市海淀区北蜂窝 8 号中雅大厦 A 座 11 层　100038）
网　　　址：www.E-mp.com.cn
电　　　话：（010）51915602
印　　　刷：唐山玺诚印务有限公司
经　　　销：新华书店
开　　　本：720mm×1000mm/16
印　　　张：16.25
字　　　数：245 千字
版　　　次：2021 年 8 月第 1 版　2021 年 8 月第 1 次印刷
书　　　号：ISBN 978-7-5096-8124-4
定　　　价：78.00 元

编写组成员

刘尚文　工业和信息化部电子第五研究所北京研究院院长、中国绿色制造联盟常务副秘书长

曹顺安　工业和信息化部电子第五研究所北京研究院副院长/高级工程师（教授级）

杨本晓　工业和信息化部电子第五研究所北京研究院绿色制造研究中心主任/高级工程师、中国绿色制造联盟副秘书长

刘夏青　工业和信息化部电子第五研究所北京研究院绿色制造研究中心副主任

张建华　工业和信息化部电子第五研究所北京研究院绿色制造研究中心副主任

戴　悦　工业和信息化部电子第五研究所北京研究院高级分析师

沙　倩　工业和信息化部电子第五研究所北京研究院高级分析师

宋义知　工业和信息化部电子第五研究所北京研究院高级分析师

梁思哲　工业和信息化部电子第五研究所北京研究院分析师

周芷伉　工业和信息化部电子第五研究所北京研究院分析师

孙　馨　工业和信息化部电子第五研究所北京研究院分析师

陈镜新　工业和信息化部电子第五研究所工程师

序 言

随着全球新一轮科技革命和产业变革的孕育兴起，各国都在积极追求绿色、低碳、可持续发展，特别是在应对气候变化的背景下，实施绿色新政，推动高质量发展成为全球主要经济体的共同选择。2020 年 9 月 22 日，习近平总书记在第七十五届联合国大会上郑重提出，中国二氧化碳排放力争于 2030 年前达到峰值，努力争取 2060 年前实现碳中和。2021 年 3 月 15 日，习近平总书记在中央财经委员会第九次会议中再次强调，实现碳达峰、碳中和是一场广泛而深刻的经济社会系统性变革，要把碳达峰、碳中和纳入生态文明建设整体布局，拿出抓铁有痕的劲头，如期完成目标。这是党中央经过深思熟虑作出的重大战略决策，各行业要深入贯彻新发展理念，以经济社会发展全面绿色转型为引领，以能源绿色低碳发展为关键，加快形成节约资源和保护环境的产业结构、生产方式、生活方式、空间格局，坚定不移走生态优先、绿色低碳的高质量发展道路。

绿色制造是工业转型升级和高质量发展的必由之路。我国作为制造业大国，尚未摆脱高投入、高消耗、高排放的发展方式，资源能源消耗和污染排放与国际先进水平仍存在较大差距。以实施绿色制造工程为牵引，全面推行绿色制造，不仅对缓解当前资源环境"瓶颈"约束、加快培育新的经济增长点具有重要现实作用，而且对加快转变经济发展方式、推动工业转型升级、提升制造业国际竞争力、助力实现我国"双碳"目标具有深远历史意义。

2016 年，工业和信息化部发布《工业和信息化部办公厅关于开展绿色制造体系建设的通知》（工信厅节函〔2016〕586 号），文件指出绿色制造体系建设工作要以促进全产业链和产品全生命周期绿色发展为目的，以企业为建设主体，以公开透明的第三方评价机制和标准体系为基础，保障绿色制造体系建设的规范和统一，以绿色工厂、绿色产品、绿色园区、绿色供应链为绿色制造体系的主要内容。"十三五"以来，工业领域以传统工业绿色化改造为重点，以绿色科技创新为支撑，以法规标准制度建设为保障，大力实施绿色制造工程，工业绿色发展取得明显成效。绿色制造体系基本构建，研究制定 468 项节能与绿色发展行业标准，建设 2121 家绿色工厂、171 家绿色工业园区、189 家绿色供应链企业，推广近 2 万种绿色产品，绿色制造体系建设已成为绿色转型的重要支撑。

本书旨在总结绿色制造体系建设工作的成果，梳理提炼发展成效好且发展模式典型的案例，共包括国家级绿色工厂 32 家、绿色设计产品 36 种、绿色园区 10 家、绿色供应链企业 10 家。希望本书的出版能够为企业、园区绿色发展提供有益的启示和帮助，为地方、行业及研究机构提供参考和借鉴，同时促进"政、产、学、研、用"深度合作，为推动我国绿色制造发展发挥积极作用！

工业和信息化部电子第五研究所受工业和信息化部节能与综合利用司委托，开展世界银行中国经济改革促进与能力加强项目（TCC6）子项目"绿色制造公共服务提升与政府绿色制造管理机制创新"课题子任务"提升绿色制造公共服务能力研究"的研究工作。本书是该课题子任务的研究成果之一。本书在编纂过程中，得到了工业和信息化部节能与综合利用司和世界银行的大力支持。

本书资料来源于各案例公司在绿色制造公共服务平台的自声明信息及其官网和相关活动宣传文案，由于部分资料无法核实真实来源，如有引用请联系编写组，我们特此表示感谢！限于编者的水平和编写时间，书中不足之处敬请读者批评指正。

目　录

绿色设计产品篇

绿色园区篇

绿色供应链篇

绿色工厂篇

绿色工厂是制造业的生产单元，是绿色制造的实施主体，属于绿色制造体系的核心支撑单元，侧重于生产过程的绿色化。为加快推动绿色制造体系建设，打造一批绿色工厂先进典型，促进典型经验和发展模式交流，本篇综合考虑地区、行业、发展模式的差异，共选取 32 家国家级绿色工厂，总结这些工厂在绿色发展过程中的有效做法和实施成效，以期为更多的工厂实现绿色发展提供借鉴。

一、中芯北方：按 LEED 认证要求设计
建造绿色厂房

编者按： 集成电路是工业的"粮食"，其技术水平和发展规模已成为衡量一个国家产业竞争力和综合国力的重要标志之一，但水资源短缺和废水排放问题仍是产业发展的难题。中芯北方成功从传统的集成电路制造企业转型为集成电路绿色制造企业，在转型过程中，一方面用再生水替代自来水作为生产制程用水，极大降低了自来水的消耗量；另一方面，通过先进的设备和工艺，将硫酸的消耗量降低20%以上。中芯北方在能源资源投入、有害物质管控、循环经济等方面的发展经验可为传统集成电路制造企业绿色发展提供借鉴。

中芯北方集成电路制造（北京）有限公司（简称"中芯北方"）成立于 2013 年 7 月，是中芯国际与国家集成电路产业基金及北京市政府共同投资设立的 12 英寸先进制程集成电路制造厂。中芯北方主要从事 28/40 纳米 12 英寸晶圆制造，目前已拥有国内外客户 30 余家，产品涵盖通用逻辑电路、低功耗逻辑电路、混合电路和射频等领域。产品分别应用到移动电话、无线连接、数字家庭、汽车电子、微处理器、智能卡、闪存等方面，其中使用 28 纳米多晶硅栅极工艺与高通合作生产的骁龙处理器，是国内代工厂率先实现量产的 28 纳米系统级芯片。目前，中芯北方已通过质量管理体系、环境管理体系、职业健康安全管理体系和信息安全管理体系认证、QC080000 电器有害物质管理等多项体系认证。

（一）严格按照 LEED 认证要求设计建造厂房，极大减少能源消耗

在工厂建筑方面，中芯北方 12 英寸晶圆制造厂房曾于 2015 年 5 月荣获美国绿色建筑委员会（USGBC）认证的"能源与环境设计先锋"（LEED）金

奖，是中国本土首个获得认证的晶圆制造厂房。中芯北方厂房建设严格遵照LEED 认证的要求进行设计和建设，厂务设备耗能比国家颁布的标准能源消耗低 25%；建筑装修材料，包括涂料、粘接剂、密封剂等，均采用 LEED 认证的产品，严格控制有机挥发性物质（VOC）的空气含量，并彻底消除氯氟烃（CFC）；施工过程由 LEED 认可的权威机构全程监管。

在照明配置方面，公司办公室全部采用 LED 灯照明，对于公共区域，也尽可能地将能源浪费降到最低，例如将楼梯灯全部改造成声/光控开关和人体感应开关。在其他公共区域，主要采取关掉走道部分照明、关闭落地窗走道照明等举措节能省电，每年节约电能约 32.4 万度。此外，中芯北方厂区照明全部采用太阳能电池板进行供电，由此每年节约电能约 8.1 万度。

根据 GB17167-2006《用能单位能源计量器具配备和管理通则》要求，动力处在 10 千伏高压进线总配电室 955 线路、959 线路安装计量表 1 块（一级计量），各个生产车间配电室分支开关柜均安装了计量表 61 块，实现了对生产车间的二级计量。主要耗能设备安装了计量器具，实现了生产耗能设备全面监控。

在电机采购方面，公司全部采购进口新型高效能发电机，大大降低了能耗。核对《不符合首都功能定位的工业行业调整、生产工艺和设备退出指导目录（2013 年本）》《产业结构调整指导目录（2011 年本）》（2013 年修正版）《北京市工业污染行业、生产工艺调整退出及设备淘汰目录》（2014 年版）及《高耗能落后机电设备（产品）淘汰目录》（第一批至第四批）发现，公司未使用国家明令淘汰的落后机电设备。

（二）用再生水替代自来水作为生产制程用水，极大提高水资源综合利用率

中芯北方在集成电路制造方面已精确到纳米级，微小的失误都会影响生产线良率的稳定性。一直以来，集成电路制造业均采用新鲜自来水作为生产制程用水，以降低风险。考虑到北京缺水的特点，中芯北方在建厂伊始，大胆引用再生水替代自来水，作为生产用水和配套冷却水塔、空调洗涤塔等水源，经过测试，目前自来水替代率已达到 90%，极大地降低了自来水的消耗量，水资源综合利用率达到 98% 以上。集成电路生产需要 90℃热水，使用过后，水温会下降至 70℃，业界均使用热蒸汽进行加温。对此，中芯北方发挥地利优势，将厂区对面华润协鑫电厂热水锅炉的余热通过管道引入，通过板式热交换器加热中芯北方的循环热水，以代替循环热水系统中的市政蒸汽，从而大量减少市政蒸汽的用量，并且保证循环热水系统的稳定运行。

中芯北方积极实施制程废水回用，在建厂之时就设计建造了生产冲洗排放水回收系统。该系统在企业投产后即开始收集生产冲洗排放的废水，废水按酸碱浓度分类收集并进行水质分析，浓度高的溶液回收再利用，浓度低的溶液经过吸附和反渗透过滤等多道处理设备后，会回收到纯水箱继续用于生产。此外，厂房还有制程冷却水（PCW）热回收系统、自由冷却系统等多套环保设备，这些系统的全面应用，可极大限度降低水、电、蒸汽等资源消耗，从生产源头做到绿色发展。

（三）通过先进设备精确控制工艺参数，极大降低硫酸消耗量

在产品加工方面，中芯北方主营业务为 12 英寸集成电路代工，产业链上游客户为集成电路设计企业，而公司 40 纳米及 28 纳米技术主要应用于通信类及消费类电子产品，因此，芯片生产从设计端即全部以低功耗为主要指标。在芯片生产过程中，中芯北方始终致力于降低材料及有害物质使用量，集成电路制造工艺中大量用到硫酸，主要用在湿法清洗工艺，用来去除晶圆表面的杂质和颗粒物。中芯北方通过更加先进的设备，精确控制化学品的流量、温度、配比等工艺参数，在原有工艺基础上提高硫酸的温度、改变清洗液配比，从而在降低硫酸用量的同时达到相同的清洗效果，此改进方法可将硫酸的消耗量降低 20% 以上。

（四）充分利用废液、废气处理系统，提升废弃物处理能力

中芯北方拥有六大类废液处理系统及三大类废气处理系统，极大限度地提升生产废弃物处理能力，减少污染排放。其中，废液处理系统主要分为：含氨废液处理系统、含氟废液处理系统、含铜废液处理系统、一般酸碱废液处理系统、研磨废液处理系统以及生活污水处理系统。废气处理系统主要分为：酸性废气处理系统、碱性废气处理系统以及有机废气处理系统。在固体废弃物处理方面，中芯北方建有固体废弃物回收站，对固体废弃物分类存放。此外，在废弃物外运方面，中芯北方始终与北京市内有专业处理资质的公司保持紧密合作，保证了生产废弃物的集约化、无害化处理。

二、金隅鼎鑫：建设工业废渣综合利用示范线

> **编者按**：水泥行业作为建材行业的龙头产业，一直以来都是重点污染行业，其颗粒物排放占全国颗粒物排放量的 20%~30%，二氧化硫排放占全国排放量的 5%~6%。金隅鼎鑫从传统的水泥生产企业转型为水泥绿色制造企业，在转型过程中，一方面大力发展碳中和项目，构建完整的绿色低碳发展格局；另一方面，建立新的绿色管理机制，提升项目落实效率。金隅鼎鑫在用地集约化、原料无害化、生产洁净化等方面的发展经验可为传统水泥生产企业绿色发展提供借鉴。

河北金隅鼎鑫水泥有限公司（简称"金隅鼎鑫"）是金隅冀东股份旗舰企业，位于石家庄鹿泉区，现有熟料生产能力 750 万吨，水泥产能 600 万吨，总资产 32 亿元，拥有两条 2500 T/D、三条 5000 T/D 新型干法熟料水泥生产线，采用了代表中国水泥最高水平的自主研发技术与装备，是节能减排样板工程。五条生产线于 2012 年全部获得首批国家行业准入，产品能耗和污染物排放控制指标实测和在线监测数值均稳定达到国内领先水平，多项指标甚至达到或超过欧盟标准。

金隅鼎鑫绿色发展战略于"十二五"规划时期启动，2015 年形成绿色工厂与社会责任管理机制，2018 年《绿色工厂评价通则》发布后首次引用，3 年实践取得丰硕成果：课题项目实施后，熟料综合能耗和水泥综合能耗分别为 104.37 kgce/t、98.72 kgce/t，成为河北省唯一一家获得"能效领跑企业"称号的建材企业；年均节约标准煤 12300 吨，年均减排氮氧化物 2460 吨，资源综合利用年均消纳工业废渣 420 万吨，年均降低生产成本 3200 万元；先后被评定、认证的资质有：国家首条节能减排示范生产线、中国驰名商标、国家级绿色矿山、河北省百强优势企业、省级"两型"示范企业，2017 年以全

国水泥行业评价总分第一的成绩，获得国家首批"绿色工厂"示范企业。

（一）采用先进适用的清洁生产技术，清洁生产水平显著提高

金隅鼎鑫采用先进适用的清洁生产技术、工艺及装备，清洁生产水平显著提高，工业二氧化硫、氮氧化物、化学需氧量和氨氮排放量明显下降。同时，新的绿色管理机制推动一大批能效提升项目迅速落实，尤其是投资大、周期长的项目。极大地提升了能源利用水平。

1. 落实重点项目，实施技改技措，完成绿色工厂目标

实施熟料生产线脱硝项目，项目总投资为 3501 万元，生产线加装脱硝系统后，氮氧化物 NO_x 排放量大幅降低，五条生产线年均减排氮氧化物 2460 吨，对改善当地环境空气质量具有重要意义，环境效益显著；实施篦冷机液压系统改造项目，项目总投资 1169 万元，改造后年节约标准煤 7450 吨，年均产生经济效益 426 万元；实施辊压机系统改造项目，吨生料综合电耗由 26~27 度/吨降至 20~21 度/吨。通过改造，综合生料电耗节约 6 kWh/t，年节约标准煤 4000 吨以上；实施美国戈尔滤袋更换项目，不仅提高了收尘效率，降低了粉尘排放量（粉尘排放浓度<10 毫克/立方米），而且通过改造降低了系统阻力，提高了台时，相应降低了电耗；实施收尘项目（辅助排放口），金隅鼎鑫辅排口收尘改造总投资 736 万元，年均减排粉尘 80 吨；实施风机变频改造项目，年节标准煤 800 吨以上；实施 LED 照明、太阳能照明改造项目，厂区照明控制采用自动分区照明，根据冬、夏两季日照时差，自主研发控制程序节约用电。矿山道路采用太阳能照明。

2. 落实生态恢复项目，实现绿色发展

大力发展碳中和项目，构建完整的绿色低碳发展格局，金隅鼎鑫矿山生态治理恢复项目已累计投入 6500 万元，山体植被的渐次恢复同厂区成片绿化形成碳汇林。金隅鼎鑫先后通过"省级绿色矿山"和"国家级绿色矿山"认证。实施引水上山项目，总投资 600 万元，通过将生产、生活用水进行中水处置后，引水上山，保障了矿山生产的降尘、抑尘和绿化。

3. 大力实施创新创效工程，推动绿色发展

在技术创新方面，金隅鼎鑫自行设计制造水幕爆破抑尘车，对爆破采面起爆瞬间进行抑尘，抑尘效果达到 90%，攻克了矿山爆破扬尘的难题，获得

国家发明专利。金隅鼎鑫始终坚持依靠科技创新促进企业发展的战略目标，不断加大科技研发投入。近年来，在水泥生产领域开展了28项研究开发活动，通过对一些关键技术的研究开发，获得14项国家知识产权局授权的实用新型专利。其中，脱硫石膏的深度资源化利用项目通过了成果鉴定，该项目年节约资金1200万元。实施能源管理中心管理延伸项目，在近年的实践中，能源管理中心整合了一个基础平台和七个信息系统，一个平台就是覆盖全公司的信息网络平台，七个系统分别是生产过程控制系统（DCS）、生产管理信息系统（MES）、资产管理系统（EAM）、电视监控与安全检测报警系统、企业资源管理信息系统（ERP）、供应系统（NC集团管控）和协同办公系统（OA）。管控中心是集生产管控、物流管控、能源管控为一体的管控中心，通过中心系统的计划编制、实绩分析、质量管理、平衡预测、能耗评价等技术手段，实现对能源生产过程和消耗过程的在线管理和评价。在此基础上，金隅鼎鑫对22～100 kW电机更换智能仪表（100台），扩充能管中心监控点，对扩充区域进行能耗分析，挖掘节能点，提升能管中心智能化水平。

（二）采用预约优化装运系统，最大限度降低物流环节的能源消耗

金隅鼎鑫在物流方面全部实现"长期、稳定、共赢"的战略合作关系，采购方面坚持火运为主、汽运补充的总体思路。如煤炭采购进厂管理方面，采用直供模式，从卸车皮到运输全程进行监控管理；汽运煤分户堆放，加强监督管理，均收到良好的效果；做好与生产现场、质量检验、环保、供应方等各种信息的沟通与反馈工作，保障运行安全。销售方面采用预约优化装运系统，最大限度降低物流环节的能源消耗。同时，对所有进出场车辆采用备案制，严禁国V以下车辆进厂，严禁冒黑烟车辆进厂，并在各个分公司安装了出厂车辆洗轮机，层层把关确保物流车辆达到环保要求。

（三）推进资源综合利用，实现废弃物资源化

通过推进资源综合利用发展循环经济，以消纳工业生产废弃物，降低资源耗用，大宗工业固体废物综合利用率进一步提高。"十二五"规划期间共消耗各种工业废渣2000万吨以上，主要掺加自有石灰石矿山开采工程中产生的废石及外购的粉煤灰（含炉渣）、脱硫石膏、转炉渣、氧化铝赤泥、砂岩粉末等工业废渣。通过利用生料和水泥双掺粉煤灰、脱硫石膏替代天然石膏、转炉渣和赤泥替代铁矿石等直接降低材料采购成本。金隅鼎鑫资源综合利用产品覆盖范围广,基本包含了 PO42.5 普通水泥(一、二分公司)、PF32.5 普通水泥(一、二分公司)、熟料(二、三分公司)主要产品品种,及所有生产线的余热发电自备电厂。

(四)使用生物质燃料作为替代燃料,实现能源低碳化

2015 年 11 月,国家质检总局和国家发展改革委联合印发《节能低碳产品认证管理办法》。办法鼓励低碳产品的使用,激励企业产品结构升级以及从消费端控制温室气体排放。据此,碳足迹认证和碳标签将从一个公益性的标志变成一个商品的通行证。碳标签会对整个产品制造与供应链形成巨大压力,同时碳标签制度未来有可能带来企业经营成本提高的问题,也会给企业带来长期的节能减排压力。因此,金隅鼎鑫着眼长远战略,聚焦能源替代项目。在可再生能源替代不可再生能源方面,金隅鼎鑫进行了利用糠醛渣、木屑压块等生物质燃料作为替代燃料在熟料生产过程中加入的工业实验,通过实验证明在生产技术指标稳定的情况下,最大可实现生物质燃料 5% 部分替代煤粉的目的。

三、凯莱英：自主研发连续性反应技术

> **编者按**：我国制药行业在绿色发展方面的主要问题有：能源、资源消耗高，生产工艺复杂，其中原料药生产挥发性有机物的排放量约为全国人为源排放总量的4%。作为国内制药领域的绿色制造企业，凯莱英在绿色发展过程中，一方面通过自主研发的包括电化学、酶催化和连续性反应等新技术来替代传统高能耗、高污染的生产方式；另一方面，利用生物酶催化剂替代传统催化剂，减少了易燃易爆、有毒试剂的使用。凯莱英在资源循环利用、过程清洁化、无害化处理等方面的发展经验可为传统制药企业绿色发展提供借鉴。

凯莱英生命科学技术（天津）有限公司（简称"凯莱英"）成立于2005年12月，注册资本420万美元。作为上市公司凯莱英集团的技术研发驱动中心，凯莱英是一家主要从事高新医药产品的研制、开发、生产经营的国家高新技术企业。公司致力于全球制药工艺的技术创新和商业化应用，为国际主流制药企业提供医药外包综合服务，其范围主要涵盖了新药临床阶段工艺研发及制备、上市药商业化阶段的工艺优化及规模化生产。公司坐落于天津经济技术开发区第七大街71号，占地面积86721.8平方米，现有员工千余人。公司生产用于治疗慢性丙型肝炎的HCVNS3蛋白酶抑制剂出口美国，用于符合美国食品药品监督管理局（FDA）审核标准的新药研制生产。

凯莱英曾先后被认定为"国家高新技术企业""2008年天津市重点支持的出口成长型中小企业""化药中间体及原料药中试中心""技术先进型服务企业""天津市工程技术中心""全国12个综合性新药研究开发技术大平台之一"荣获罗氏"最有价值合作伙伴"等，并多次承担国家和天津市科技项目。凯莱英通过对该技术的进一步产业化使企业的设备设施、环保标准、专利标准实现了与国际接轨。2011 年和 2014 年一次性通过美国 FDA 审查。

（一） 建立完善的质量管理体系和 EHS 管理体系

凯莱英建立的企业标准作业程序，包括质量管理体系、职业健康安全管理体系，分别符合 GB/T19001、GB/T28001 的要求，环境体系符合 GB/T24001 的要求，能源管理体系符合 GB/T2331 的要求。凯莱英设立了专门的质量和 EHS（健康、安全与环境一体化的管理）部门，并建立了完善的质量管理体系和 EHS 管理体系，包括职业健康安全管理体系、环境管理体系和能源管理体系。

质量管理体系是制药企业的生命线，也是下游客户甄选供应商的首道关口。凯莱英自建立以来，始终以高要求、高标准、高质量的工作作风规范执行各种标准，始终坚持对研发生产人员进行长期系统科学的 cGMP 理念培养和渗透，建立了全面系统、完善的 cGMP 标准质量体系，并始终保持和国际主流制药企业接轨。

凯莱英秉承"系统实施、预防为主、全程控制、全员参与、着重现场管理"的指导思想，按照 ICHQ7《原料药生产质量管理规范》的要求，建立了包括物料系统、质量系统、生产系统、QC 系统、包装和标签、厂房和设施六大系统组成的质量管理体系，确保始终如一地生产出符合预期要求和质量规格的产品。

凯莱英规范能源管理工作，修订完善了能源管理制度，按照职业健康安全、环保、质量、能源、测量一体化管理体系标准，建立了三级能源管理网络，强化企业经营过程控制，从管理上开展节能降耗。设立了具有专业职称的专职能源管理员，统筹能源全局工作；各二级部门均成立了以行政领导为组长的节能降耗领导小组，配备专、兼职能源管理员，具体落实能源管理工作；各班组和工段配备了兼职能源管理员。建立健全了能源原始台账、统计台账，各类统计数据及报表。凯莱英根据能源流动过程及其特点，进行耗能设备能效测评，建立各种能源消耗分类统计报表，同时针对各产品特点，对产品综合能耗、工序能源及工质单耗进行了统计和能耗分析。

（二） 使用生物醇基燃料，极大减少污染物排放

凯莱英的食堂使用低碳清洁新能源——生物醇基燃料。2014 年，食堂就

开始采用生物醇基燃料替代传统的厨房液化气等燃料，每年用量约260余吨。醇基燃料是以甲醇等醇类为主要原料，按特定的工艺流程，经科学设计合理改性的一种高清洁新型液体燃料。烧煤、烧柴油存在费用高、不易点燃的缺点，其油烟、煤尘存在既不卫生又污染环境的缺陷，不符合我国大力保护环境与节约能源的国策。生物燃料低价、安全、方便，具有无残渣残液、不黑锅底以及清洁卫生、安全、廉价、原料易购、使用方便等特点，燃烧最完全彻底，热转换效率最高，排放以水与二氧化碳为主，是未来最清洁、最环保、最有发展潜力的燃料。

（三）积极使用连续性反应技术，极大降低能源消耗

采用连续性臭氧氧化技术，通过物料和臭氧气体在柱状反应器中短时间微量逆流接触和反应，从根本上消除因臭氧积聚造成的安全隐患。反应结束后剩余氧气可循环用于生成臭氧，有机溶剂循环利用，使用量可减少90%以上，"三废"产生量降低75%，避免了常规反应的能源消耗，达到低碳、环保的目的。与常规的臭氧氧化水处理相比，在同样去除率条件下，氧化反应降解时间缩短2/3，有毒有机物截留去除率在90%以上。采用连续高温/低温反应装置，可连续进料、出料，反应器持液量少，换热效率高，温度控制精准，可有效防止热量蓄积现象；反应时间控制准确，进料量可调，整套装置占地面积小，安全性高，可整体移动与后处理设备连接，可大批量、连续处理120 ~ -270 ℃范围内的危险化学品的生产；可实现无水无氧的工艺，安全性高，操作简单。连续性高/低温反应技术从根本上消除了传统反应器在处理危险化学反应时存在的批次投量少、传质传热效率差、局部反应不均匀、副反应多、安全隐患大、反应周期长、位置固定等缺点。由于连续反应体积小、换热效率高，避免了常规反应的能源消耗，达到低碳、环保的目的。

（四）采用溶媒回收套用技术，极大提高资源利用率

凯莱英使用苯甲醚为反应溶剂，对于所有溶剂均进行回收套用。在车间内设专门的反应溶剂回收罐，集中后采用先进设备，在溶媒回收系统中采用化学分离的方法，提高溶剂的回用率。这一新技术可使反应所用的溶剂回收率达到95%以上，并在溶媒回收过程中将反应液中的物料有机地回收，这一点与国内现行的工艺技术中机械式的直接精馏技术相比，减少了溶媒残渣的

处理量，同时也减少了污水的排放量和处理量。对于回收难度较大的高浓度废液，凯莱英委托有资质单位进行处理；对于回收价值不高的低浓度有机废水由厂内污水处理站处理。废溶媒的回收套用，既提高了资源的利用率，收到了显著的经济效益，同时也减少污染物排放，为环境保护做出了贡献。例如，乙腈为凯莱英回收再利用资源之一，又名甲基氰，是一种无色透明液体，可与水、甲醇、醋酸甲酯、丙酮、乙醚、氯仿、四氯化碳和氯乙烯混溶。凯莱英常年委托外部从凯莱英溶液中回收乙腈，每年回收乙腈量约 280 吨，回收的乙腈作为化学试剂使用，既降低了资源消耗，又降低了企业的研发成本。

四、蒙牛高科：打造全球绿色生态样板工厂

编者按：我国乳制品行业起步晚、起点低，但发展迅速。当前，我国乳制品行业正面临增长方式的转变，逐步向市场化、法制化、规范化的不破坏生态的生产方式转变。作为国内乳制品加工领域的绿色制造企业，蒙牛高科在绿色发展过程中，一方面推广节能技术项目，提高能源利用率，减少"三废"排放；另一方面，建设污水处理厂，极大提高了污水处理能力。蒙牛高科在能源利用、污水处理、能源管理体系等方面的发展经验可为传统乳制品加工企业绿色发展提供借鉴。

内蒙古蒙牛高科乳业有限公司（简称"蒙牛高科"）成立于 2007 年，位于内蒙古呼和浩特市和林格尔盛乐经济园区 209 国道东，厂区东西方向 400.38 米，南北方向 443.01 米，占地面积 177372.34 平方米，合约 266 亩。蒙牛高科积极建设集教学、培训、研发、检验、生产、仓储、参观于一体的智能化工厂，从收奶到产品出库全部由中央控制系统设定程序自动操作完成。该工程于 2006 年 4 月 28 日开始施工，2007 年 7 月 22 日全线投产，日产能最高达到 1680 吨，车间建设投入 10 亿元人民币，拥有专业技术人员 146 人，生产能力达 61.23 万吨/年，现有高精端检测设备 55 台。

生产车间拥有瑞典利乐和德国康美两大世界上一流的液态奶生产设备和一流的无菌灌装技术，共设置 22 条生产线（10 条瑞典利乐，12 条德国康美），目前公司共拥有灭菌乳、乳饮料两大系列的液态奶 16 个品项，4 个品种，产品覆盖全国各个城市、乡镇，长期为消费者提供新鲜、健康、无污染的牛奶制品。

（一）打造全球样板工厂

蒙牛高科采用瑞典利乐的设备，按照国际 GMP（良好生产规范）和

HACCP（危害分析的关键控制点）的标准进行设计和安装，为目前全球单体跨度最大、生产线数量最多、日处理鲜奶能力最大、智能化程度最高的单体车间，被称为"全球样板工厂"。公司自 2007 年建厂开展推行并运行质量、环境、职业健康安全管理体系，依据各管理体系标准要求开展工作，并于2015 年通过了质量、环境、职业健康安全管理体系认证，2015 年公司为提升公司能源管理水平，建立并实施了能源管理体系，并于 2016 年顺利通过能源管理体系认证。

工厂建设时，厂区及各车间、办公区域的照明功率、密度按照 GB50034规定进行更新设计，将厂区照明、车间照明以及动力区域照明，全部由原来400 瓦的金属卤化灯更换为 150 瓦的无极灯和 50 瓦的 LED 防爆照明灯，厂区外部照明更换为利用时控开关进行控制，更新改造完成后每年大约节约 77 万度电，在办公区域最大限度使用自然光照明，达到节能环保效果。工厂还实施了水热换热项目，安装汽水混合器，利用蒸汽与水直接混合加热，节省能源，热利用率高达 99% 以上，24 小时不间断供应热水，水温可任意调节，改造后节能率提升 26.88%。

为了更好地推动节能减排的要求，工厂成立了能源管理小组，根据工厂的耗能设备建立了能源管理平台，增加了二级计量，主要耗能设备增加了计量表，可以精准地统计设备的实时用量，同时对设备的能耗出现异常情况可以有效地监控，方便管理。

（二）实施节能技术项目，提高能源利用率

实施"1+1"冷却水项目，车间杀菌机和 UHT 原来的冷却水冷却后排掉，通过"1+1"冷却水回收项目在车间安装水灌，把冷却水回收到水灌里，再用回收水泵回收到车间，通过冷却板冷却后进入冷却水箱循环使用，回收再利用年节约 14.97 万吨水；建设污水处理厂，污水厂的草坪全部利用污水厂处理管的中水进行浇草，浇草未利用的中水出售给京能电厂，年节水32.85 万吨；实施利乐灌装机冷却水回收项目，该项目把原来灌装机排掉的冷却水通过管路利用回收水泵返回车间，再通过板换冷却技术返回到冷却水箱循环利用，年节约用水 2.55 万吨；实施反渗透浓水回收项目，该项目将废弃的浓水回收到冷却水箱进行使用，年节约水 10.95 万吨；实施制冷冷凝压力改善项目，该项目利用热泵机组把制冷压缩机排出的高压气体吸入热泵机组，然后利用气温度板给水换热，用水加热达到车间使用温度进入车间，此工序省去车间利用蒸汽给水加热，年节约蒸汽 2074 吨；实施风冷项目，该项目投资 429 万元，在原来生产工艺的基础上增加了风冷设备，利用冬天气温低于零下的优势，风冷设备使用冬天自然冷却冰水作为车间使用冰水。

（三）利用生物方法进行废气处理，极大减少污染物排放

工厂产生的工业废水主要来源于车间设备、管路清洗，为保证工厂产生的废水得到有效处理，在建厂的同时就配套建设了污水处理厂，污水处理工艺采用目前先进的 UASB（厌氧处理）及 SASS（好氧处理）法。处理工艺过程采用格栅机过滤—酸化调节池—厌氧反应池—好氧反应池—沉降池—污泥浓缩—清水池等去除有机物，污水的流动以液位差自流进行，节约了大量的电能。污水经污水处理厂处理后，达到 GB 8978-1996《污水综合排放标准》三级标准及城市污水厂进水水质标准后排入城市污水管网。污水厂排污口装有 COD（化学需氧量）、氨氮在线监测装置，工厂每年委托第三方检测机构进行两次水质监测，工厂内部化验室每月对污水厂进行三次抽样监测，工厂每年委托第三方检测机构进行一次厂界噪声监测。

工厂产生的固体废弃物主要包括一般工业固体废弃物和危险废弃物，一般工业固体废弃物选择具备固体废弃物经营资质的公司签订合同委托其处置，确保可回收资源能够得到有效利用，危险废弃物选择具备危险废弃物经营资质的公司签订委托处置合同，按照生态环境局危险废弃物转移制度办理危险废弃转移联单再进行转移处置。

工厂安装了复合生物滤池除臭系统，通过专门培养在生物滤池内的微生物对废气中的有毒、有害物质的吸附—分解—转化等生物方法进行除臭的生物废气处理技术，将废气中的有毒、有害恶臭物质分解，降解成无毒无害的 CO_2、H_2O、H_2SO_4、HNO_3 等简单无机物，从而达到除臭的目的。

五、一汽轿车：实施"两个终端、
四项措施"用能管理

编者按：作为国内汽车制造领域的绿色制造企业，一汽轿车从传统的汽车制造企业转型为汽车绿色制造企业，在转型过程中，一方面积极开展源头治理，减少"三废"产生；另一方面，采取"两个终端、四项措施"的经济化用能的管理思路。一汽轿车在源头治理、新技术应用、过程管控等方面的发展经验可为传统汽车制造企业绿色发展提供借鉴。

一汽轿车股份有限公司（简称"一汽轿车"）1997 年 6 月 10 日在长春高新技术产业开发区成立，是中国轿车制造业第一家股份制上市公司。一汽轿车现有两个整车工厂（年产 40 万辆汽车）和两个发动机工厂（年产 54.5 台发动机）、一个变速箱生产车间（年产变速箱 15.5 万台），占地面积 221 万平方米，建筑面积 93 万平方米，员工 9029 人。2018 年公司生产整车 20.71 万辆，销量 21.12 万辆，营业收入 262.4 亿元，实现利润 2.6 亿元。长期以来，一汽轿车高度关注国家环保法、能源政策及法规的发展，先后通过了 ISO/TS16949 质量管理体系认证、GB/T24001、GB/T28001 环境/职业健康安全管理体系认证，能源体系认证，实现了体系规范化，成为集团公司率先通过能源体系认证的二级公司。2017 年 5 月，一汽轿车率先通过了国家绿色工厂的审核，跻身于全国首批绿色工厂的行列中。2019 年 1 月，一汽轿车在全国第五届绿色发展峰会暨 2018 绿色发展成果与影响力品牌发布会上，荣膺"2018 首批最具影响力绿色企业品牌"称号。

（一）致力于环保新技术的应用，提供专项资金保障

为践行一汽轿车"遵守法规，创建一流安全清洁工厂；持续改进，树立一汽轿车绿色品牌"的环境安全体系方针，近年来，公司加大环保专项资金投入，"十二五"规划期间累计投入环保资金 1.11 亿元，"十三五"规划期间投入达 1.33 亿元。公司致力于环保新技术的应用，引进节能高效的环保设备，充分满足了环境保护对资金、技术和设备的需求，为构建新型绿色清洁的现代化工厂奠定了坚实的基础。

（二）积极开展源头治理，减少"三废"产生

为有效减少"三废"产生，一汽轿车建厂之初就积极开展源头治理工作。通过厂区总平面布局的合理设计，公司将高噪声的冲压车间、废气排放强度和浓度大的涂装车间放置在公司院内的中心，尽最大限度远离周边环境敏感点。一汽轿车通过采用先进的生产工艺，将噪声、振动封闭在车间内，确保噪声不出车间；采用超滤除油的脱脂工艺、三级回收、RO 反渗透装置、全封闭冲洗的电泳工艺，节能型溶剂回收装置，减少各类废水的排放；采用无磷低温脱脂剂、水性电泳漆等环保材料，从源头上减少"三废"产生，提高原辅材料的利用率，降低能源资源消耗，最大限度地降低"三废"对环境的影响。另外，一汽轿车建立中水回用设施，其中二工厂污水处理站可以实现 100% 中水回用，每小时可制备中水 120 吨，用于厂区绿化、景观用水，有效提高水资源利用，减少废水排放。

（三）实施过程管控，跟踪治理措施落地

为有效开展生产准备过程的环境管理，一汽轿车自 2013 年建立起 14 类 32 项环境安全管理领域项目管理标准，并将该标准纳入产品诞生流程手册中，从项目立项、环评开展、初步设计、施工过程、建成投产实现全过程控制。主体项目完成后开展环保预验收及验收，确认环保设施投产情况，监测投产后实际排放情况，确保环保治理设施与主体工程同时设计、同时施工、同时投入使用。

（四）采用更高的排放标准，有效削减污染物排放量

废水治理方面，一汽轿车执行《污水综合排放标准》中的三级排放标准，自公司建厂之日起，所有生产、生活废水均通过污水处理站处理，每一个涂装车间在建设时就对应建立专属的污水处理站，污水处理站设计出水标准为二级标准，高于国家标准要求，而实际运行状态接近或达到一级标准出

水，远高于环保排放标准要求。

废气治理方面，一汽轿车执行《大气污染物综合排放标准》中的二级标准，涂装车间喷漆废气采用水漩、文丘里式净化处理；烘干废气采用天然气燃烧净化处理，净化效率均高于95%，排放实际浓度和速率仅为二级排放标准的15%以下；焊接废气、转毂实验间废气经处理后，排放实际浓度和速率仅为二级排放标准的35%以下，远低于国家二级排放标准要求。固体废弃物治理方面，所有的危险废弃物均经有资质的相关机构进行合规处置，并已实现转移联单网上实时审批办理。噪声治理方面，厂界噪声均满足《工业企业厂界噪声标准》要求，各噪声源几乎对周边环境无任何影响。

表1　废水、废气减排情况

类别	废水		废气	
污染物类别	COD（mg/L）	氨氮（mg/L）	甲苯（mg/m^3）	二甲苯（mg/m^3）
国家排放标准	500	—	40	70
实际排放值	50	3.036	0.045	0.342

（五）采取"两个终端、四项措施"的经济化用能的管理思路

一汽轿车根据工厂环境，结合现地现物的精益化管理思维，创新性地提出了"经济化用能管理"的"两个终端、四项措施"，对在传统机械类产业中如何开启节能创效的空间提供了可资借鉴的思路。所谓"经济化用能管理"，具体体现在"供给端""用户端"两个终端，"停产减供""停产停机""重点耗能设备定标运行管理""合理排产和安排工艺调试"四项措施管理对策。

根据跟踪测算的数据，工业用电、生产生活用水、压缩空气等能源，在停产期间的负荷率约为生产期间的50%左右。以往为了应付随时发生的加班生产、工艺调试、设备改造、检修等，大部分站房实行满供，这就使动力设备处于过度供应状态，浪费能源。为此，一汽轿车提出第一项管理对策——"停产减供"，即在非生产时间主动与工厂互动，按需供应，通过调降供应参数，保障检修、工艺调试的基本需要，同时节约用能。

工厂为保证设备停产时设备的基本状态能持续维持，以减少开班时的设

备停机，全部设备均处于待机空耗能状态，因而需要消耗大量能源。为此，一汽轿车推出了第二项管理对策——"停产停机"。除了少数工艺有特殊要求的设备不能中断动能外，大部分设备实现停产停机并就地关闭动能；还重点关注单台消耗大的重点耗能设备，通过识别，建立了《重点耗能设备台账》，辅导车间逐步落实第三项管理对策——"重点耗能设备定标运行管理"。这是一座效益可观的金矿，以外网冬季依据环境温度、生产班制人工调节采暖供应为例，一个采暖期就节约高温水费用 244 万元。第四项节能对策就是"合理排产和安排工艺调试"，主要解决待机耗能现象。在考虑综合成本的情况下，尽量集中安排生产、调试，以减少单位产品能耗。

（六）厂区安装太阳能路灯和 LED 节能灯

普通路灯消耗了太多的不可再生能源，造成了环境的破坏，为响应国家节能减排的号召，响应国家大力推广新能源产业政策，一汽轿车在二厂区、质保中心共安装了 205 套太阳能路灯，年节电 18.55 万度，折合动能费 10.2 万元。

一汽轿车实施照明改造，将现有的普通日光灯，更换为 LED 节能灯，计划在各车间更换工艺照明灯 30000 盏，高跨照明灯 6500 盏，在办公室更换 6500 盏。项目实施后，每年可节省电量 392.7 万度，折合动能费 216 万元。

六、福建雪人：填补国内螺杆压缩机
高效节能技术空白

编者按：随着我国科学技术的不断进步，制冷设备行业在国内迅速成长起来。我国中央空调市场规模为 550 亿元，已经成为全球第一大制冷空调设备生产国和第二大消费市场。而目前所有制冷剂绝大部分都是氟利昂制品，而含氢氯氟烃（HCFCs）制冷剂是温室气体来源之一。福建雪人作为制冰设备制造领域的绿色制造企业，在绿色发展过程中，一方面注重产品绿色设计，减少有害物质排放；另一方面，联合上下游企业组成产、学、研、用联合体，努力构建高效、清洁、低碳、环保的压缩机绿色制造体系。福建雪人在产品绿色设计、供应商采购考核制度及体系、技术研发等方面的发展经验可为传统制冰设备制造企业绿色发展提供借鉴。

福建雪人股份有限公司（简称"福建雪人"）创建于 2000 年，注册资金为 6.7 亿元，在国内拥有二十多个实体子公司，公司总部坐落于福建省福州滨海工业区，目前拥有滨海、里仁两个工业园，现有职工人数为 700 多人。公司于 2011 年 12 月 5 日在深圳 A 股中小板成功挂牌上市。2018 年公司资产规模 39 亿元，产值 6 亿元，几年来公司的盈利能力、经营性现金流和成长性保持良好的态势。

经过十余年的发展，福建雪人已成为一家以压缩机为核心产业，集余热回收发电、新能源、工商业制冷及其成套制冷系统的研发、设计、制造、销售、工程安装、售后服务于一体的高科技企业。在全球制冰设备制造行业，福建雪人的市场综合占有率名列第一，是制冰行业的龙头企业，是全国冷冻空调设备标准化技术委员会制冰机工作组所在单位，负责制定国家和行业标准。

公司主要从事压缩机及机组、余热回收膨胀发电机组、氢燃料电池空气压缩机、磁悬浮离心压缩机、工商业制冰设备及制冰系统的研发、生产和销售，目前公司产品的应用领域主要有：水利水电、大型建筑、核电站、大型路桥等行业的混凝土冷却，煤矿采掘业的矿井降温，食品冷加工及保鲜，化工反应釜降温以及冷链物流、冰蓄能空调、人工降雪、生物菌养殖、冷冻干燥、海水淡化、新能源汽车、国防军事等领域。

（一）注重产品绿色设计，减少有害物质排放

企业采用绿色环保的产品设计理念，开发适用于环保制冷剂 R717（氨）、R744（二氧化碳）、R245fa（五氟丙烷）等的各类产品，包括压缩机组、制冰机、冷水机组、热泵机组等。在设计环节中，提倡绿色环保材料以及工艺的使用，减少有害物质排放。

（二）建立供应商采购考核制度及体系

福建雪人制定了《采购部事务操作手册》《采购合同管理规章制度》和《最新采购（含外协）流程》。供应商方面，公司有《供方质量管理办法》，全方位规范公司的原材料采购和供应商管理。绿色供应链是一个社会性工作，要求产业上下游共同创造出一套规则和制度，从而将产品在生命周期内的资源和环境影响降到最低，以从全过程积极地履行社会责任，推动绿色发展。

福建雪人作为上游企业，严格要求自身，从产品的原材料储运到工艺的节能环保，到产品的质量安全升级，到整个生产过程的职业健康安全，均有严格的制度要求和考核机制，奖惩分明，从而成为绿色供应链中的绿色供应商。

（三）专门成立"绿色制造能力提升领导小组"，深入实施绿色发展理念

福建雪人专门成立"绿色制造能力提升领导小组"，在产品设计开发、绿色物料选择、生产工艺规划等各环节构建绿色发展理念，开发了一批绿色节能产品，选用高效节能电机、树脂砂铸造技术铸造的绿色机壳铸件、近净成型技术的绿色转子锻件等绿色生产物料，减少污染环境有害物质的使用，并在制造生产环节采用车铣复合加工技术、高效转子啮合检测技术、环保喷漆等绿色工艺，减少加工、检测、喷漆环节污染物排放等，降低企业单品能耗，大大提升企业制造技术和制造过程的绿色化率，降低对环境资源的影响度。

福建雪人积极研发绿色高效产品，推行清洁生产，本着节约和合理使用能源的原则，在工艺技术的采用、节能设备的选用、生产流程等方面均充分考虑了提高设备和劳动效率、降低废品率、节约原材料和缩短生产路线等综合因素，减少水、电、氮气和原材料的消耗量，不断降低单位产品资源消耗。

（四）联合上下游企业组成产、学、研、用联合体

福建雪人通过联合高等院校、科研企业、物料及装备供应商、终端用户等多家上下游企业组成产、学、研、用联合体，重点聚焦企业高效节能压缩机绿色制造所必需的生产工艺和设备条件，分析研究多个不同工序的合理配置，并结合压缩机制造过程中创新工艺技术和绿色物流、高效节能装备的集成应用，单位产品能耗、水耗和污染物排放量的控制，提出对应工艺和工序的节能、节材、降耗绿色化提升方案，解决项目建设过程中关键工艺流程和工序环节绿色化程度不高、环境资源承载能力较弱的问题，努力构建高效、清洁、低碳、环保的压缩机绿色制造体系。

（五）研发新型高效节能环保制冷压缩机，填补国内螺杆压缩机领域的技术空白

对制冷系统来说，氨具有环保、节能、经济的特点，多年来一直是工业制冷领域的主流制冷剂，新应用范围和越来越高要求的规范依然不断地促进氨制冷技术向前发展，对氨制冷设备的要求也与日俱增。但同时氨兼具一定的毒性及可燃性，国内较高的事故发生率使行业对氨系统的应用一直有很大争议。通过先进的自动化控制系统，用机器代替人工，提高氨制冷系统的自动化程度，能大大减少因人工操作失误带来的安全隐患。公司与压缩机泰斗瑞典 SRM 公司合作开发可适用于天然工质（空气、水、二氧化碳、氨气、碳氢化合物）及各种环保制冷剂的新型高效节能环保制冷压缩机，该技术达到世界先进水平，并填补国内螺杆压缩机领域的技术空白。公司与 CN 公司合作开发的新型磁悬浮离心压缩机，采用世界上最先进的离心压缩机气动设计、无油设计和环保制冷剂设计理念，对臭氧层的破坏为零，综合性能比传统压缩机节能 30%~40%。公司通过开发适用于中小型速冻冷库的氨用半封闭变频螺杆压缩机机组将不仅逐步淘汰 R22（二氟一氯甲烷）制冷剂，减少制冷系统中的氨充注量（远低于 50 千克），还将通过使用二氧化碳作为载体减少冷库中氨的存在，保证冷库运行的安全性。

七、祥光铜业：超强化旋浮铜冶炼技术打破国外垄断

编者按：作为国内有色金属冶炼领域的绿色制造企业，祥光铜业一方面借助自身研发平台优势，大力开展具有自主知识产权的创新；另一方面，通过清洁生产、循环利用、废水深度处理将"三废"全部吃干榨净。祥光铜业在自主创新、生产清洁化、废弃物资源化等方面的发展经验可为传统有色金属冶炼企业绿色发展提供借鉴。

阳谷祥光铜业有限公司（简称"祥光铜业"）成立于 2005 年，位于山东省聊城市阳谷县，注册资本 43.7 亿元，是一家以有色金属冶炼为主的大型民营企业，现已形成年产阴极铜 60 万吨、黄金 20 吨、白银 600 吨、稀贵金属 1000 吨、硫酸 170 万吨的生产能力。

以"节能环保、绿色发展、树立有色金属行业创新标杆"为目标，在"双闪"工艺基础上，祥光铜业大力开展具有自主知识产权的技术创新，汇聚了一支强有力的技术研发团队，建设了国家级企业技术中心、博士后科研工作站、省级工程实验室等多个研发平台，为企业自主创新奠定了坚实的基础。

祥光铜业研发了超强化旋浮铜冶炼新工艺和旋浮冶炼生产过程计算机在线控制系统，打破国外铜冶炼核心技术和关键设备的长期垄断，在世界上率先实现了旋浮智能化铜冶炼和自热冶炼，生产效率提高了 50%，而且产能翻倍，能源消耗和工程投资减少了 50%，为铜冶炼行业开辟出了一条生态环保、节能高效的新路子。

截至 2017 年底祥光铜业共申请专利 130 多项，获准国内外授权专利 101 项，参与制定国家标准和行业标准 40 项；先后获得国家科技进步二等奖、第

十六届中国专利奖金奖、中国有色金属工业科学技术一等奖、山东省科技进步一等奖、山东省技术发明一等奖等荣誉称号。

凭借技术上的优势，祥光铜业被工业和信息化部评定为有色金属行业能效及环保标杆企业；荣获山东省节能突出贡献企业、循环经济示范单位等多项荣誉。"祥光"牌阴极铜被国家质检总局确定为中国第一个生态原产地保护产品，以卓越的品质赢得上海期货交易所、伦敦金属交易所的双注册。

（一）自主研发的祥光旋浮熔炼和旋浮吹炼铜冶炼技术，打破国外对铜冶炼核心技术的长期垄断

祥光铜业借助自身研发平台优势，一直在大力开展具有自主知识产权的技术创新。其年产 40 万吨阴极铜工程，一期在技术上主要是引进、消化和吸收，二期完全自主研发、自主创新、自主建设。

祥光铜业自主研发的祥光旋浮熔炼和旋浮吹炼铜冶炼技术，打破国外对铜冶炼核心技术的长期垄断，使中国铜冶炼技术跃升到国际领先水平，已被国务院授予国家科学技术进步二等奖，被国家知识产权局授予第十六届中国专利奖金奖；自主研发的祥光粗铜自氧化还原精炼技术，彻底解决了火法精炼普遍存在低空污染的世界性难题，已两次被国家发改委列入《国家重点节能低碳技术推广目录》。目前，祥光铜业可直接将铜精矿冶炼至粗铜，既实现铜冶炼短流程突破，生产效率提高 50%，而且产能翻倍，能源消耗和工程投资减少 50%，在世界铜冶炼行业有了一席之地。

（二）积极参与制定国家和行业标准

截至目前，祥光铜业共参与制定 60 项国家和行业标准，其中绿色标准相关 5 项，例如，《铜冶炼企业单位产品能源消耗限额》、（GB 21248−2014）《电工用铜线坯单位产品能源消耗限额》（GB 32046−2015），正在制定的绿色标准有《有色金属冶炼企业能源管理中心技术规范》《重有色冶金炉窑余热回收利用技术规范》，为企业跟上时代步伐奠定基础。

（三）采用分期设计、分期建设理念，使用绿色环保建材

祥光铜业总占地面积 1344 亩，总设计能力为年产 40 万吨阴极铜，其中一期工程 20 万吨，二期工程 20 万吨，采用分期设计、分期建设理念，实现了投资的技术经济合理性以及资源、能源的高效利用。

公司现有 1 栋 5 层行政办公楼、1 栋 3 层熔炼办公楼、1 栋 2 层设备办公楼、11 栋生产车间厂房和 4 栋钢结构综合仓库，均采用钢结构建筑，充分利用自然通风，采用围护结构保温、隔热、遮阳等措施，采用塑钢门窗、水泥浇块和节能保温材料等绿色环保建材，提高围护结构热工性能、外窗气密性，降低厂房内部能耗。

（四）对各类污染物浓度进行实时监测

祥光铜业在废水总排口及制酸尾气烟囱设置了在线监测设备，对外排水及外排烟气中的各类污染物浓度进行实时监测，监测数据上传至生态环境部、省、市、县等各级环保行政管理部门。对于在线设备的运营管理，按照要求实施第三方运营模式，在线设备的操作维护全部交给第三方运营，确保在线数据的真实有效，从而打造清洁化绿色工厂。

（五）实施废气回收制酸、废水循环利用、废水深度处理

通过清洁生产、循环利用、废水深度处理将"三废"全部吃干榨净。实施废气回收制酸，通过"两转两吸"，可年产硫酸 170 万吨，尾气中硫的总固化率高达 99.9%。目前，祥光铜业的工业烟气全部达标排放，烟气制酸产生的红利已占到企业总效益的 10%。实施废水循环利用，采用凤祥食品产业处理后的中水作为生产用水，全厂水循环利用率达到 97% 以上。通过技改，年可节水 49.56 万吨、减排废水 15 万吨、减排 COD 8.4 吨。实施废水深度处理，对铜业产生的综合废水进行深度处理，系统工艺设计与设备选择国内外先进技术，目前项目已经投产，年可以回收工业新水 245 万吨，减少 COD 约 60 吨，氨氮约 2.8 吨，实现工业废水"零排放"。

祥光铜业变废为宝，每年从阳极泥、炉渣及其他附料中提取伴生的贵重金属，成为世界上第一家自主研发稀散稀贵金属提取技术的高新企业，年产黄金 20 吨，白银 600 吨，稀散稀贵金属 1000 吨。"三废"全部吃干榨净、变废为宝，祥光铜业正在进行自我革新和动能突围，走出一条生态环保、节能高效的铜工业绿色发展之路。

（六）建成了行业的第一个能源管理中心，极大降低了能源的使用量

祥光铜业从 2008 年开始建立三标管理体系（环境、安全职业健康、质量），2010 年率先推行 GB/T 23331 能源管理体系，2011 年 2 月取得铜冶炼行业第一张能源管理体系认证证书。通过四标管理体系的运行，公司的节能减排工作得到系统的开展。2012年7月开始建设能源管理中心，经过11个月的努力建成了行业的第一个能源管理中心，2017年在能源管理中心的基础上，增加安全和环保模块，开始打造环保、节能及安全管理中心。

通过两化融合对企业的安全、环保、节能减排工作进行集中管理。对水、电、风、气等能源系统的生产、输配和消耗环节，环保、安全的在线数据全面实现集中扁平化动态监控和智能化管控。产生较强的节能降耗能力，有效地提高氧气利用率，减少放散，同时通过合理的调整及监督，降低故障率及电力损耗，综合测算公司全年可节省电力5000万度以上，在此基础上通过引进技术对阳极炉工艺进行改造，天然气的消耗量下降40%，降低了能源的消耗。

八、心连心：采用生态设计实现精准施肥

编者按：作为国内高新肥料生产领域的绿色制造企业，心连心一方面开展清洁生产技术改造，推广绿色基础制造工艺；另一方面推进水资源循环利用和工业废水处理回用，提高工业用水效率。心连心在资源综合利用、削减温室气体排放、能源管理体系等方面的发展经验可为传统高新肥料生产企业绿色发展提供借鉴。

河南心连心化学工业集团股份有限公司原名"河南心连心化肥有限公司"（简称"心连心"），始建于 1969 年，2003 年完成改制，2009 年 12 月 8 日，在香港联合交易所主板挂牌上市。

心连心是一家集研发、生产、销售、服务为一体的大型高新肥料生产企业。在生产经营中始终坚持社会效益、环境效益与经济效益并重的原则，认真贯彻落实国家节能和环境保护的方针政策，优化管理，严格用清洁生产标准审查设计、规划，从源头创造清洁生产条件，强化清洁生产意识，大力推行清洁生产与绿色化技术改造，积极推进氮肥生产和循环经济建设。

心连心是国家高新技术企业、国家企业技术中心，建设有河南省院士工作站、博士后科研工作站、化肥生产系统节能工程技术研究中心、中国氮肥工业（心连心）技术研究中心。心连心掌握先进煤气化技术，2011~2017 年连续七年荣获"能效领跑者标杆企业（合成氨）"荣誉称号。在全国重点行业节能减排达标竞赛中，荣膺"全国五一劳动奖状"殊荣，获得国家工信部认可的"智能制造、互联网+示范企业"、国家级"绿色工厂"。

（一）积极采用生态设计理念，极大提高肥料利用率

心连心在产品设计中引入生态设计的理念，减少能源和资源的使用，并且提高肥料利用率，减轻对环境的负面影响。在保证粮食产量的前提下，提

高化肥利用率，减少肥料损失，实现农业的可持续发展。与此同时，公司遵循生态系统养分循环及生态平衡规律，改进施肥技术和化肥工艺，开发肥料新品种，研制高效长效化肥，实施测土配方，真正做到合理施肥，将化肥所带来的负面影响降至最低，从而实现农业的健康、可持续发展。

心连心按照GB/T24256-2009《产品生态设计通则》进行产品设计，编制的《新产品开发管理程序（肥料）》《新改扩建项目-新产品工艺节能设计》充分考虑了环境要求、功能要求、经济性要求、法规要求、客户需求等相关因素。心连心2015年6月被工信部评为"工业产品生态设计试点企业（第一批）"。生产的产品均选用优质原料，在生产过程中严格控制产品质量，在有效物含量和重金属含量等各方面的控制标准均严格于国家或行业标准。新产品和正在研发中的升级产品也都将高效和环境友好这两个理念一以贯之，将公司的发展壮大和环境的可持续发展紧密结合在一起。

（二）将绿色采购理念贯穿原材料、产品和服务采购的全过程

心连心始终坚持绿色采购理念，不断改进和完善采购标准、制度，将绿色采购贯穿原材料、产品和服务采购的全过程，并将环境保护和资源节约的理念贯穿产品设计、生产、运输、储存、销售、使用和报废处理的全过程，对供应链各个环节进行有效策划、组织和控制，2017年公司荣获"中国石油和化工行业供应链十佳企业"荣誉称号。

心连心将采购、物流等供应系统纳入发展战略规划，明确管理目标，设置专一管理部门，推进公司采购管理工作的提升。公司设置采购管理程序，指定并实施包括环保要求的选择、评价和重新评价供方的准则。设置专门质检机构确定并实施检验及其他有必要的活动，以确保采购的产品满足规定采购要求。从物料环保、污染预防、节能减排等方面对供应商进行选择和管理，推动供应商持续提高绿色发展水平。并且要求供方提供的采购资料中包含有害物质使用、可回收材料使用、能效等信息。

（三）采用先进水处理技术，极大减少废水排放

心连心坚决走"零排放"和"超低排放"之路，所有环保指标坚持符合国家标准和地方标准双标准，且实行更加严格的"企业内控指标""红线预警考核"机制。为构建环保系统科学、规范、高效的"目标、指标"管理体系，保障公司环保目标、指标的实现和持续改进，公司制定了《心连心公司环保系统目标、指标体系管理导则》，并通过《环保月报》《环保信息化评比》《生产情况通报》等及时进行统计、跟踪、监督和指导。

心连心公司实施节能减排改造，采用先进水处理技术处理生产用水和废水。采用膜技术（超滤及反渗透）处理生产循环冷却水和锅炉给水，与原来采用的离子交换树脂法处理相比，大大减少了废水排放。采用微电解絮凝法、微气浮氧化法、沉淀组合过滤法于一体的工艺技术，对回用中水进行预处理，提高了水的处理效率。对煤气化炉气化废水系统进行了梯级利用，实现优化，使煤气化废水外排量每天减少 600 吨。采用本公司自主研发的尿素工艺冷凝液零排放技术，降低尿素生产中冷凝液的氨含量，既实现了尿素冷凝液的零排放，又每天节约生产用水 1920 吨。

采用粉尘回收技术对尿素粉尘进行回收，每年可回收尿素粉尘 760 多吨，既减少对环境的污染，又提高了企业的经济效益。利用公司氨水对锅炉烟气进行脱硫脱硝，采用氨法脱硫技术对 3 台 165 吨/小时循环流化床锅炉生产装置产生的烟气进行脱硫，锅炉烟气二氧化硫排放浓度低于 20 毫克/立方米，最低可达 10 毫克/立方米以下，脱硫率达 99%。采用 SNCR 与 SCR 工艺，将氮氧化物浓度控制在 50 毫克/立方米内。

采用"布袋除尘+湿式电除尘"技术对锅炉烟气进行除尘，水汽车间 3 台锅炉，每台锅炉烟气量为 20 万立方米/时，粉尘浓度为 20 克/立方米左右。采用布袋除尘器除尘，将烟气排放含尘浓度控制在 20～30 毫克/立方米，再经过湿式电除尘器将粉尘浓度降至 10 毫克/立方米以下，除尘效率达到 99.9%。为减少温室气体排放，2017 年 9 月心连心公司与盈碳环保技术有限公司、河南石油和化学协会、深圳碳排放交易所有限公司签订了《全国碳市场纳管企业碳排放管理示范工厂四方合作协议》，树立绿色发展理念并实现低碳可持续发展。

心连心公司始终将环保当作企业生存和发展的基础，在环保方面，心连心公司大气污染物排放、水体污染物排放、噪声排放符合国家标准、行业标准及地方标准的要求；固体废弃物的处理符合 GB18599 及相关标准的要求。心连心公司将国家规定的标准视为最低标准，内控标准一直高于国家标准，并保持在行业的前沿地位。

（四）通过高效施肥技术探索，实现测土配方精准施肥

心连心坚持"增产施肥、经济施肥、环保施肥"理念，依靠科技创新，通过化肥缓控释技术、提质增效技术提高化肥利用率，通过高效施肥技术探索，实现测土配方精准施肥，达到农业节本增效、环保可持续，促进粮食增产、农民增收和生态环境安全。公司产品均选用优质原料，在生产过程中严格控制产品质量，在有效物含量和重金属含量等各方面的控制标准均严格于国家或行业标准。

公司重点产品之一腐殖酸系列产品，添加优质矿源腐殖酸，是环境友好型肥料产品，一方面可以提高肥料利用率、减少化学肥料施用量，另一方面可以改善土壤结构，减少肥料流失对环境的污染，维护土体中碳循环和生物多样性。控失一系列产品主要使用绿色、环保的控失剂，利用中国科学院合肥物质科学研究院的内质包裹型缓释尿素研究成果将控失剂添加至尿素生产中，生产出的控失肥料能够控制养分流失，肥效期长等特点，这种技术是新型控失肥料的技术基础。新型控失复合肥、控失掺混肥、水溶肥则在原控失技术基础上，使用与中国科学院合肥物质研究院、南京土壤研究所联合研发的新型配方与工艺，在工艺符合性、节能、环保升级优化后的生产系统内实施生产。

（五）打造旅游式工厂

心连心为生态设计示范企业，在规划、设计、建设过程中充分体现节能降耗、经济环保的理念。所采用的建筑材料均选用蕴能低、高性能、高耐久性的本地建材；优先采用节水器具和设备；室内装饰装修所用材料满足国家标准；厂区内绿化植被优先种植乡土植物，采用适合工厂种植的维护少、耐候性强的植物，减少了日常维护的费用；工厂场地内特别设置可遮阴避雨的步行连廊；室外透水地面面积占室外总面积的比例不小于30%；建立并实施了质量管理体系、职业健康安全管理体系、环境管理体系、能源管理体系；注重安全管理，引进杜邦安全管理。

九、盛世富源：甲醇联产 LNG 大幅提升煤炭综合利用率

> **编者按：** 作为国内甲醇制造领域的绿色制造企业，盛世富源一方面利用焦炉煤气生产甲醇和液化天然气（LNG），极大地提高能源转换效率；另一方面，将生产生活排污水送污水处理站统一处理后回用，大幅度降低全厂水资源的消耗。盛世富源在节能技术应用、节水措施、绿色供应链建设等方面的发展经验可为传统甲醇制造企业绿色发展提供借鉴。

孝义市盛世富源甲醇制造有限公司（简称"盛世富源"）是孝义市鹏飞实业有限公司（简称"鹏飞实业"）下属子公司，注册资金 5 亿元整，位于山西省吕梁孝义市梧桐工业园区，于 2014 年 4 月成立。鹏飞实业组建于 1993 年，目前集团已成为集精煤生产、焦炭制造、甲醇生产、煤气发电、硅铁、金属镁冶炼及运输物流等为一体的多元化、高科技的大型综合性民营企业，是"山西省百强民营企业""山西省优秀企业""山西省守合同重信用企业"。盛世富源主要依托孝义市鹏飞实业有限公司 192 万吨/年焦化装置副产的焦炉煤气，制备甲醇和 LNG。公司生产规模为年产甲醇 30 万吨、LNG 15 万吨。生产工艺过程主要包括纯氧造气、湿法脱硫、脱焦油塔、气柜、原料气压缩、TSA、精脱硫、MDEA 脱碳、干燥液化、合成气压缩、甲醇合成、甲醇精馏、PSA 提氢等工序。

为了合理利用剩余焦炉煤气，提高资源综合利用效率，实现循环经济产业链，同时贯彻国家节能减排、保护环境的政策方针，鹏飞实业原计划建设 60 万吨/年，一期建设 30 万吨/年焦炉煤气制甲醇项目，同时建设甲醇驰放气综合利用制 6 万吨/年合成氨装置，并取得了前期相关手续。在项目建设过

程中，公司审时度势，结合市场情况，决定重新规划剩余焦炉煤气的利用方案，鹏飞实业成立焦炉煤气综合利用公司，即孝义市盛世富源甲醇制造公司，对焦炉煤气中 25% 的甲烷（CH_4）进行深冷液化进行提取，并建设一套固定床纯氧气化煤气发生炉装置补入碳，平衡碳氢比后合成甲醇，同时建设一套 PSA 提氢装置提取甲醇合成池放气中的氢，提氢后气体返回焦炉做燃料，置换部分焦炉回炉的焦炉气，在综合利用资源的同时，产品规模最大化，实现更多的经济效益，总体工艺路线为焦炉煤气经压缩—净化—液化的组合工艺制备 LNG，提取甲烷后的剩余气体经压缩—合成—精馏的工艺制备甲醇，利用 PSA 装置提取合成尾气中的部分氢气。根据剩余焦炉煤气及置换回炉煤气量，生产规模设定为甲醇 30 万吨/年，LNG 15 万吨/年和氢气 6000 万标准立方米/年。

（一）尽量选用可回收材料替代新材料，减少有毒有害物质的使用

盛世富源重视能源资源投入，按照国家法规要求开展相关工作，做好能源选取的规划，充分利用余能余热资源，提高能源利用效率。主要生产耗能设备选用先进性和节能的设备，采用先进的技术措施，控制原材料消耗，尽量选用可回收材料替代新材料，减少有毒有害物质的使用。同时加强采购管理，对供方提出科学的管理要求，保证能源资源的质量。公司工艺路线布置紧凑合理，不仅节约了用地，节省了投资，还有利生产，方便管理。同时，根据各设施、工段的不同功能进行分区和组合，并充分考虑项目建设与预留发展的完整性及分期建设的相互协调性。

盛世富源从园区蒸汽管网引出 3.43 MPa、435℃过热蒸汽和 0.5 MPa 饱和蒸汽很便利，而且可以使热电站蒸汽得以梯级利用，消除了高品位蒸汽减温减压为低品位蒸汽的弊端。选用江西昌昱实业有限公司开发的 CY-φ 3200 固定床纯氧气化炉，此种气化炉整体配置合理，防流措施完善，气化强度高，单炉水煤气产量达到 10000~11000 标准立方米/小时，灰渣残炭量 ≤ 7%，有效气体成分含量高，操作弹性大、工况稳定，节能降耗效益高。常压固定床连续纯氧气化炉产生的低热值水煤气和甲醇合成池放气部分置换焦炉回炉的高热值焦炉气，提高了热值利用率；纯氧气化原料为气化焦，可在一定程度上解决产能问题，同时增加经济效益。回收利用焦化装置富余焦炉煤气生产甲醇和 LNG 可提高煤炭综合利用率，提高产品附加值。螺杆机采用喷水冷却工艺可避免焦油和尘的堵塞，机体本身又无易损件，可保证机组长周期运转，可不设备用机，而且喷水螺杆流程简单，投资少。离心式压缩机性能稳定，处理气量大，易损件少，不考虑备用，且可以用蒸汽透平驱动，从而合理利用热能。

（二）采用闭式循环水系统，极大减少循环水补水消耗

生产生活排污水送污水处理站统一处理后回用，可大幅度降低全厂水的消耗。盛世富源采用闭式循环水系统，极大减少循环水补水消耗。汽轮机冷凝水尽可能二次利用后集中回到各装置的冷凝水罐，再由冷凝水泵送至脱盐水站回收，以减少脱盐水的消耗量。原料气离心压缩机和混合冷剂压缩机采用汽轮机驱动，产生的凝汽采用空冷方式冷却，既减少了电力的消耗，又降低了循环水消耗。

（三）选取主要设备时，充分考虑节能因素

对主要设备选型均经多方案技术经济比较，充分考虑了节能因素，选用了先进、可靠、运行效率高、电耗少的设备。换热器采用高效、低压降换热器，如高压铝制板翅式换热器、管换热器的换热效率高，节能效果明显。采用高效率的机泵则可以降低动力消耗。甲醇合成采用管壳式反应器，触媒装在反应管内，壳程为沸腾热水，利用的是反应热副产蒸汽，采用该方法反应温度易控制，径向温差 5℃ 左右，轴向除反应器入口外几乎没有温差，因此不会由于超温而对触媒造成损害，且降低了副产物的生成。反应热副产蒸汽减压后送至低压蒸汽管网。

（四）通过在行业内的领先地位，带动上游供应商绿色化发展

盛世富源建立了完善的供应商选择、考核制度及体系，在国家提出绿色供应链概念后，公司也积极参与其中，组织学习了相关的知识和概念，了解了相关政策。公司将绿色供应链管理提高到战略地位，建立了绿色制造管理机构负责绿色制造相关工作，并将绿色供应链建设纳入其长期规划中。加强绿色供应商的选择和合作，全面实施绿色采购：公司制定了完备的供应商管理制度与采购规程，确保供应商有能力提供符合工厂环保要求的材料。同时，对供应商定期进行质量评价和考核，并由集团采购中心按公司质量、环保要

求对供应商产品进行检测；与国内外多家原材料供应商建立了长期战略合作伙伴关系，与所有供应商平等交易，使其与公司在激烈的市场竞争中互惠共赢。

盛世富源通过集约化专业化的管理，整合物流运输，削减物流环节的浪费，既有利于降低公司的采购和运输成本，也有利于供应商的生产供应；作为原辅料的采购方，通过在行业内的领先地位，下游倒逼上游企业试行绿色化，强化供应商对环保、节能的重视和改进，整合资源，带动上游供应商绿色化发展。

十、玉溪水松：实现印刷废气循环利用

编者按：作为国内水松纸生产领域的绿色制造企业，玉溪水松一方面利用印刷有机废气净化、回收利用技术，极大提高废气净化率；另一方面着力打造花园式工厂，为员工提供舒适的绿色工作环境。玉溪水松在绿色研发、绿色采购制度、绿色技术研发等方面的发展经验可为传统水松纸生产企业绿色发展提供借鉴。

云南玉溪水松纸厂（简称"玉溪水松"）是一家乡镇集体企业，创建于1988年8月，位于云南省玉溪市红塔区大营街工业区，是一家专业从事水松纸设计、生产、销售的国家级高新技术企业。玉溪水松秉承"创新是企业发展的源泉"的理念，坚持以创新为动力，累计申报专利160项，获授权专利123项，注册商标45件，获"中国驰名商标"1件，云南省著名商标2件，"云南名牌产品"1个。玉溪水松的专利拥有量处于同行业领先水平，被评为"云南省知识产权优势企业"，坚持"以人为本、以质取胜、强化管理、不断创新"的管理方针，在水松纸行业内率先通过ISO9001质量管理体系、ISO14001环境管理体系、GB/T28001职业健康安全管理体系的认证，在发展中一直重视环境保护、清洁生产、绿色印刷、废弃物资源化再利用，通过变废为宝、节能减排、发展循环经济，打造花园式工厂，先后荣获"玉溪市优秀园林单位"称号以及"玉溪市首届政府质量奖""云南省优强工业企业""云南省优秀纳税企业""中国200强先进包装企业""国家火炬计划重点高新技术企业""全国火炬计划优秀企业""全国科技工作先进单位""全国轻工行业先进集体"等荣誉。

（一）实施绿色研发，从源头设计上减少物料耗用

玉溪水松在绿色研发方面一直不断探索，产品设计过程积极采纳国家和

行业标准，引用《生态设计产品评价通则》等，包含了卫生、生态、毒性指标更低的要求，在产品的生命周期中，接装纸采用可降解纸，使产品在整个生命周期中始终保持环境友好。玉溪水松倡导绿色研发，降低研发过程中产生的各种废弃污染物，从原料来源到研发整个过程，每个环节都需要做到减碳、减排。一方面，玉溪水松不断开展技术创新，优化研发路径，从源头设计上减少物料耗用，企业设计输出提出，在烫金工艺中对金膜实施错位控制，使同一卷烫金膜得到重复利用6~7次，达到原材料减量化目的。目前的生产过程中，已经形成规范作业并得到实施。另一方面，设计输出形成的工艺安排，对于可以合并的工序，在保证产品质量的前提下，减少工序数量。

（二）建立健全供应商考核制度

出于对环境保护的强烈责任意识，玉溪水松在采购环节中对供应商提出了较为严格的环境要求，施行绿色采购制度，促进供应商的绿色运营。玉溪水松根据采购程序，形成合格供方名单《供方定期评价表》和《供方满意度测评表》，内容包含质量、安全、环保以及节能降耗等方面评分，使企业贯彻低毒性、可替换、节约能源的思想并传递给下游供应商，要求供应商获取环境管理体系方面的认可，如通过ISO14001环境管理体系认证等。供应商体系建设至少要包括原辅料生产阶段、入库检查、生产一致性控制、产品确认检验、标识和追溯性、包装、储存、搬运以及设计变更等方面。玉溪水松定期以及不定期对供应商产品进行有害物质符合性抽检，并与供应商提交数据进行核对，建立健全供应商考核制度。

（三）采用电叉车替换汽油叉车，极大减少尾气排放量

玉溪水松生产物料运输、半成品的搬运等内部物流量较大，原来使用汽油叉车，叉车尾气排放污染大气。玉溪水松采用电叉车替换汽油叉车，合理规划厂区物流路线，防止物流在厂内迂回，生产车间采用液压车、人力等措施，大幅减少物流汽油叉车的使用量，减少企业内部物流汽油叉车尾气的排放量。

（四）使用生物质锅炉替代水煤浆锅炉，极大节约燃料

自建厂以来，玉溪水松就对生产过程产生的废纸、废电化铝进行集中回收存放，在外售相关的加工企业再利用，对塑料纸芯、托盘等包装物从下游

加工企业回收再利用，这既减少了废弃物的生产，也节约了生产成本，还保护了生态环境；玉溪水松开展淘汰高耗能电机设备项目，相继淘汰 6 台高耗能设备，全部更换成满足国家相关政策法规的节能电机设备；空压机变频技术应用：辅助生产系统中的空压机车间，一共有 5 台压缩机，为了降低噪声和节能的公司要求，采购了 Altlas Copco 品牌的压缩机。其中 5 号机于 2016 年加装变频装置，为了利用好节能设备，形成了定额压缩空气+变量压缩空气的组合供气方式，满足了生产变化的要求，达到了节能目的，年节约标准煤平均为 11.36 吨/年。

供电系统现有 2 台电力变压器。1 号变压器（400 kVA）主要为生产一部印刷、分切、烫金、复卷车间厂房照明供电。2 号变压器（1000kVA）主要为 4 台印刷设备供电。3 号变压器（800kVA）主要为生产二部印刷、分切、打孔、烫金、复卷车间厂房空调、照明供电。通过对变压器空载/负荷状态分析，形成了优化操作规程，年节约标准煤平均为 73.74 吨/年。

玉溪水松使用生物质锅炉替代水煤浆锅炉，原来使用的是 6 吨的水煤浆锅炉，自 2007 年运行以来至 2017 年，已有 10 年的时间，设备使用年限较长，维护保养费用高。水煤浆锅炉产生的烟气对大气也会造成一定污染，水煤浆锅炉产生的烟气主要是烟尘、二氧化硫、氮氧化物。水煤浆锅炉的燃料使用的是不可再生能源水煤浆，水煤浆在使用前需经过过滤处理等工序，过程中还要用到柴油、柴来点火，使用繁杂、操作复杂，耗用原辅材料过多。针对以上问题，玉溪水松经过调查研究，方案论证，最后决定采用生物质燃料锅炉来替换水煤浆锅炉，新建一个 8 吨的生物质燃料锅炉房，生物质锅炉的最大特点是节能、环保，且安装使用方便。生物质锅炉的燃料生物质是可再生能源、对环境更好清洁的能源，根据 2018 年 1 月试运行的数据来推算，生物质锅炉每年可节约燃料 125 吨，经济效益为 15 万元，可减排锅炉烟气污染物（二氧化硫、氮氧化物）10.47 吨。

（五）打造"花园式工厂"

玉溪水松建厂初期，就大力开展工厂绿化，在建项目建设均严格按照国家建设规划许可审批指标要求进行厂房、绿化用地等建设。玉溪水松绿化率达到 38.6%，工厂容积率 0.936。同时，云南玉溪水松建立污水处理设施进行生产、生活用水回收利用，将处理后的中水用于绿化用地植被及树木的浇灌，为员工提供舒适的绿色工作环境，着力打造"花园式工厂"。对玉溪水松道路照明系统进行改造，采用太阳能路灯进行照明，使用清洁可再生的太阳能，经测算，每年可节约用电 2.4 万度，经济效益 1.2 万元。

十一、精华新材料：研发新型绿色填充母粒

编者按： 作为国内新材料生产领域的绿色制造企业，精华新材料一方面大力推进节能降耗，建立能源管理体系，极大提升能源利用效率；另一方面遵循能源资源消耗最低化、生态环境影响最小化、可再生率最大化原则，加快研发绿色节能产品。精华新材料在节能降耗、研发绿色产品、优化制造流程等方面的发展经验可为传统新材料生产企业绿色发展提供借鉴。

辽宁精华新材料股份有限公司（原海城精华矿产有限公司）（简称"精华新材料"）成立于1997年，注册地位于"滑石之都""世界镁都"辽宁海城，2016年2月完成股份制改革，7月成功在新三板挂牌上市。精华新材料现是国家级高新技术企业、省级科技创新示范企业；被辽宁省科技厅认定为省级非金属矿深加工工程技术研究中心、辽宁省经委认定为省级企业技术中心。作为由国家发布划定高新技术范围内的新材料高新技术企业及从事产品的研究、开发、生产和经营业务的科技型企业，精华新材料承担多项国家、省市级计划项目。精华新材料通过了ISO9001国际质量管理体系认证、ISO14001国际环境管理体系认证、ISO50001能源管理体系认证以及OH-SAS18001国际职业健康安全管理体系认证，并通过欧洲SGS国际通用产品标准质量认定，获得国际公认。

精华新材料现有员工103人，从事高新技术及产品研究、开发的技术人员占总人数的18%，其中9人具有高级职称，3人具有中级职称，共聘请国外专家1人，国内专家8人。研究人员具有多年相关领域的研究成果，专家都是本行业中技术学科带头人。具有独立自主知识产权的专利技术7项，外观设计专利1项，注册商标5个。精华新材料已先后累计承担国家、省市科

技计划支撑项目重点新产品计划、成果转化计划 2 项，多年来共荣获国家重点新产品 1 项、辽宁省名牌产品 2 项、辽宁省"专精特新"产品 5 项、省科技进步奖三等奖 5 项、鞍山市科技进步奖特等奖 1 项、一等奖 2 项、二等奖 1 项；获得科技成果转化 2 项，重点新产品 7 项，经专家鉴定具备国际先进水平，填补了国内空白，并拥有自主的知识产权；已被辽宁省科技厅和省经委颁发的成果鉴定证书和新产品鉴定证书 7 项。同时，是"水镁石阻燃剂"国家标准的起草单位，辽宁省"无卤阻燃塑木地板"行业标准的制定者。产品已纳入国家住建部工程建设用产品采购目录。

精华新材料每年投入研发经费用于高新技术及产品研究开发，研发经费占年收入的 6% 以上，拥有现代化生产厂房面积 2 万平方米，采用先进环保设施，常年保持清洁无尘。精华新材料拥有包括研究实验、检测、信息化等全面的基础设施，设有专家办公室与实验场所。精华新材料拥有超微立式粉磨机、气流分级机，每小时处理能力最高可达 10 吨以上，分级后产品粒度最细可达 D97 < 2 微米，生产装备及工艺技术达到了国内领先水平；拥有功能齐全的制粉、分级、表面处理、造粒、包装等先进的机械设备和高精度粒度仪等精密的物化检测仪器。

（一）建立余热回收系统，实现热能循环利用

精华新材料总用地面积共计 38703 平方米，建筑面积共计 23227.29 平方米。厂房为钢结构建筑，办公楼为钢混结构，容积率为 0.995。精华新材料建有余热回收系统，利用车间设备散发的热量通过空压机转变成热能后送进供暖管道供办公楼冬季取暖。精华新材料能源计量仪表配备比较齐全，管理规范基本上满足能源计量要求，能源统计设有专人负责，并制定了相应的管理制度，能够满足能源统计需要。

（二）通过技术工艺创新，极大降低原材料消耗

精华新材料在生产过程中主要消耗的能源为电力，电力主要用于各工序的电机传动及零星用电。工厂生产的产品符合国家强制性能耗标准，所使用的机电设备存在部分淘汰设备，精华新材料已为此制订淘汰计划，预计在 2018 年左右实现全部淘汰。

工厂生产所需的原材料主要为滑石粉、木粉、树脂材等，通过技术工艺

创新等手段，原材料消耗水平持续下降，有效减少了单位产品的原材料消耗，制定了供应商采购流程，向供应商提出了环境、安全管理等节能环保要求，并要求对重要物品的入库检查实施有效性验证。

（三）研发新型绿色环保高填充母粒系列产品，实现无机粉体产品无尘化

精华新材料生产的主要产品有镁硅复配型橡塑填充剂、滑石粉无载体母粒、聚烯烃新型高填充母粒、PP 用防刮擦滑石母粒、氢氧化镁环保无卤阻燃剂、无菌滑石粉、无卤阻燃木塑复合材料等几大类 40 余种产品。产品经过国家权威部门检测，符合国家标准，满足 SGS 和 ROHS 相关技术要求，可替代进口，填补国内空白。产品广泛应用于塑料、造纸、橡胶、油漆、陶瓷、食品、医药、化妆品、化工及建筑材料等诸多领域。精华新材料在——北京、上海、广州、深圳、东莞、泉州、福州、杭州、温州、无锡、宁波和东北地区设立了辐射全国的 12 个进出口贸易销售处，形成覆盖全国的销售网络，产品远销美国、日本、韩国、东南亚、欧洲、中东、非洲等国际市场。

无卤阻燃木塑复合材料系列产品具有低碳环保、节能防水、耐腐防虫、无毒无味、阻燃、可循环利用等多项优势，广泛用于建筑行业、家具行业、园林行业、物流行业、交通行业等领域，现已在沈阳故宫、沈阳棋盘山风景区、沈铁凤上线旅游景观工程等得到广泛应用。精华新材料通过对传统产品提挡升级，成功研发了新型绿色环保高填充母粒一系列产品，实现了无机粉体产品颗粒化、功能化、无尘化，降低企业成本，增加经济效益，改善工作环境。在汽车塑料和 PP 管材等高端塑料领域得到广泛应用，该项技术已获得 2016 年全国创新创业大赛三等奖、辽宁省名牌产品荣誉。

十二、凯达木业：打造全屋绿色定制家具产线

> **编者按**：作为国内木业加工领域的绿色制造企业，凯达木业一方面把原有的蒸汽锅炉改造成导热油炉，降低单位能耗；另一方面，打造全屋定制家具生产线，满足顾客个性化需求。凯达木业在能源节约、产品研发、降低能耗等方面的发展经验可为传统木业加工企业绿色发展提供借鉴。

哈尔滨市凯达木业有限公司（简称"凯达木业"）是 1995 年成立的民营企业，现坐落于哈尔滨市松北区欧美亚经济开发区龙兴路。公司占地面积 40000 平方米，总建筑面积 22679 平方米。公司注册资本 880 万元人民币，总资产 1.3 亿元人民币，现有员工 300 余人，是东北三省规模最大的专业生产细木工板、胶合板、装饰单板贴面人造板、生态板、定制家具、木门的大型木业加工企业之一。公司生产五大系列百余种产品，并拥有 12 项自主知识产权、产品的专利，其中"浸渍胶膜纸饰面细木工板""一种低温低压条件制成的免漆饰面板"已全面投向市场，"木材微纳米粉碎装备与液化制木粉胶（无醛胶）的技术应用"即将实现产业化。凯达牌"低碳、环保、智能、养生"等一系列产品深受广大消费者喜爱。

凯达木业多次荣获黑龙江省"重合同、守信誉企业""哈尔滨市技术创新先进单位"等称号，凯达牌细木工板曾获得中国国际专利技术与产品交易会金奖。注册商标"凯达"连续多年被认定为黑龙江省著名商标，凯达牌细木工板被评为黑龙江省名牌。企业已通过 ISO9001：2008 国际质量体系认证及中国环境标志产品认证，2011 年被授予黑龙江省林业龙头企业称号。2015 年 10 月，凯达木业被评为哈尔滨市企业技术中心，11 月被评为黑龙江省高新技术企业，12 月被黑龙江省工业和信息化委员会认定为黑龙江省企业技术

中心。公司根据产品在市场上的销售情况积极发展科研攻关项目。2003年凯达木业成立了集检测、化验、科研于一身的中心实验室，拥有先进的测试手段和国内一流的科研仪器设备，近年来积累了大量的实践数据，为新产品研发奠定了坚实的基础。

（一）采用自然光照明，极大节省电能

凯达木业的办公楼4380平方米，两个生产车间15000平方米，生产车间采用砌体结构。工厂主要使用的能源为电力，厂区配有三块电表，分别安装在低压配电室、高压配电室和办公楼。工厂厂区和办公区采用自然光照明，使用节能型照明设备。

（二）把原有的蒸汽锅炉改造成导热油炉，降低单位能耗

2015年企业年耗电量62.55万度，2016年企业年耗电量138.05万度。凯达木业现有一台导热油炉，燃料为木板加工过程产生的废料。2016年木板产量207611张，产生的废弃边角料约600吨，粉碎后全部回收投入导热油炉燃烧。

2016年1月2日，凯达木业与俄罗斯远东跃龙工业园区签订合作协议，组建凯达原材料加工基地，首批杨木单板已经运回厂区。凯达木业经过二十多年的发展已建立一批原材料合格供方。近年来，公司在吉林省通榆县、弓棚子地区和大兴安岭林区不断开辟新的资源性项目基地，成为该地区最大的原材料加工基地，既为公司扩张了生产能力，避免原材料采购风险，又提高了同业竞争能力，提供原材料保障。凯达木业地处有林业大省之称的黑龙江省，优越的地缘优势和丰厚的原材料优质资源为其在国际、国内市场自如驰骋提供了很多便利。凯达木业注重节约能源，把原有的蒸汽锅炉改造成导热油炉，提高了单位热量，降低单位能耗；把木边条废料粉碎作为能源替代原煤烧锅炉，既减少了环境污染，又节约了能源。

（三）打造全屋定制家具生产线，满足顾客个性化需求

"关注消费者健康，关注绿色环保"是凯达木业的一贯追求。公司始终明确质量责任，严格过程控制，其质量目标是出厂产品质量合格率100%，产品服务顾客满意率99.5%。针对目前装饰材料市场环保性能差，客户反映强烈的问题，遵守《细木工板标准》（GB/T5849-2006）中的规定，公司制

定了"环保为天，打造绿色"的理念，投入大量的人力、物力及财力研发了凯达 E0 级胶种，用其生产的细木工板、胶合板及装饰单板贴面板，其环保性能达到 E0 级标准，确保消费者健康使用，相关的产品深受国内外客户欢迎。凯达木业的产品主要为 E0 级细木工板，采用传统工艺生产；细木工板用中板、芯板及贴皮背板均由境外俄罗斯合同厂家提供干燥好的半成品。公司根据市场销售情况积极发展科研攻关项目，不断研发新品，引领行业和市场，满足消费者需求，彰显企业蓬勃的生命力。2007 年推出了高级复合板产品，2008 年产销量大幅提高，2010 年推出生态板，2012 年推出儿童房家具板系列，2013 年推出橱柜门板、凯达封边条，2014 年研发了三层等厚家具专用结构材贴各类珍贵的实木木皮，获得市场反响，同年，新研制的 7 项智能家具专利上报国家专利局。在敏锐地捕捉到消费者尤其是年轻的消费群体对装饰装修产品的需求呈现进一步细分的趋势后，凯达木业在研发、设备、营销等方面投入了大笔资金，2014 年打造了全屋定制家具生产线，用自产的"凯达"牌环保型生态板生产定制家具。

十三、科思创：变高盐废水为盐水新产品

> **编者按**：作为国内聚合物生产领域的绿色制造企业，科思创一方面打造绿色配送物流系统，极大降低二氧化碳排放量；另一方面，实施含盐废水回用项目，实现了盐水的综合利用。科思创在节能减排技术、含盐废水回用、产品包装方面的发展经验可为传统聚合物生产企业绿色发展提供借鉴。

科思创聚合物（中国）有限公司（简称"科思创"）（原拜耳材料科技（中国）有限公司，2015 年从拜耳集团剥离并独立上市），坐落于上海化学工业区内，总占地面积约 1.5 平方千米，已建成并投资超过 30 亿欧元，是科思创在德国境外最大的投资项目。科思创是全球领先的聚合物生产商之一，作为一家有着优良的历史传承，致力于"开创精彩世界"理念的化工行业领先公司，以低碳节能的生产方式创造可持续未来，并致力于为环保方面遇到的挑战提供解决方案，科思创无论在中国还是在全世界都把可持续发展作为核心策略和发展源动力。科思创聚合物（中国）有限公司上海一体化基地的生产装置拥有先进的技术和工艺，达到世界级一流水准，并且符合严格的职业安全和环保相关的全球标准。科思创主要产品分属三大事业部，分别是聚碳酸酯（PCS）、聚氨酯（PUR）、涂料黏合剂以及特殊化学品。

（一）采用先进节能减排技术

作为科思创在全球最重要的生产基地之一，凭借一体化的设计理念以及通过采用创新工艺和一流技术，致力于可持续经营，将环境责任融入产品和生产流程中。科思创在诸多的中间体以及最终产品的生产上，都采用了先进的节能减排技术，如氧气去极化阴极技术、气相光气法、氧化亚氮减排设备。

（二） 打造绿色配送物流系统，极大降低二氧化碳排放量

科思创推出了物流网优化项目，策划设置了一套对人类、对环境以及对盈利更有利的配送模式，包括尝试轴幅式物流模型、整合销售订单以实现循环送货、最大化运输工具的装载率或最大化订单装载量。新的物流模型的概念利用更多的运输方式和路线（沿水道和沿海），与卡车运输相比，这些运输方式的二氧化碳排放量更低，而且运输途中的事故发生率和货物泄漏率也大大降低，交货期也相应缩短，科思创的客户可比以前更快收到货物。经过数月的规划和试验，中国供应链中心成功地推出这个完善的绿色配送物流系统，项目进行过程中，团队发现，新模型得到了比预期更多的好处，工作相关事故率减少 6.3%、二氧化碳排放量减少 19.5%，物流成本降低 4.4%，客户满意度也得到提升。

（三） 积极推动化工行业可持续发展项目，探索标准的制定

科思创作为化工行业携手可持续发展（Together for Sustainability，TfS）项目的主要倡导者之一，为确保采购与供应商在环境、社会和道德标准共同认知的基础上进行业务合作，在选择供应商时不仅仅基于价格，而且还根据他们在环境与社会责任领域的表现来进行决策。通过业界长期倡导来支持并加强各方协作，为供应商群体建立一套新的可持续发展标准，为客户与投资者提供稳定可持续发展的供应链。

（四） 实施含盐废水回用项目，实现了盐水的综合利用

科思创已建成含盐废水回用项目，于 2016 年上半年投入使用，与化工区内氯供应企业共同完成对含盐废水的回收利用。项目建成后，不仅减少科思创含盐废水排放及其对杭州湾盐分影响，也进一步体现了上海化工区内盐水的综合利用，形成了循环经济产业链，即"科思创公司 DPC（碳酸二苯酯）含盐酸废水→符合要求的盐水产品→氯供应企业电解→电解产品液氯和烧碱返回科思创和其他用户"，实现了废水向产品的转化，提升了园区综合利用和清洁生产水平。项目投产后，可实现"原 PCS 扩建项目"环评中提出的无机废水减排任务，并可作为 10% ~ 25%副产盐水产品，体现出环境保护和经济效益的统一。

（五）推行可循环包装方式和材料应用

科思创在产品的包装上也不遗余力地进行各种探索和创新，在包装上尽可能减少资源使用，降低能源消耗，推行可循环包装方式和材料的应用，同时鼓励供应商使用更绿色环保的原材料。

十四、如意集团："如意纺"技术实现
纺织全流程绿色制造

编者按：作为国内纺织领域的绿色制造企业，如意集团一方面建设了集过程监控、能源管理、能源调度为一体的大数据中心，极大提高能源利用效率；另一方面，采用"如意纺"技术，实现了资源优化和循环利用。如意集团在能源管理体系、污染物处理、资源循环利用等方面的发展经验可为传统纺织企业绿色发展提供借鉴。

山东如意科技集团有限公司（简称"如意集团"）始建于1972年，是全球知名的创新型技术纺织企业，成立以来，始终坚持发展纺织服装产业，坚持"高端化、科技化、品牌化、国际化"的战略，赢得了在国际、国内的技术领先优势。目前集团拥有全球规模最大的棉纺、毛纺直至服装品牌的两条完整的纺织服装产业链，旗下企业已遍及日本、澳大利亚、英国、法国、德国、意大利等15个国家以及山东、重庆、上海、江苏等地区。拥有中国内地A股、日本东京主板、法国巴黎和中国香港交易所4个上市公司，20个全资和控股子公司，13个高端制造工业园，13个品牌服装企业，30多个国际知名纺织服装品牌，6000多家品牌服装零售店。位列中国企业500强第272位，中国制造业500强第139位，中国100大跨国企业第67位，连续五年获中国纺织服装企业竞争力500强第1位。

如意集团是以高端纺织品为主业的国际化企业集团，主营业务涵盖了棉纺与毛纺原料、纱线、面料、服装的设计、加工、贸易及品牌运行，核心产品涵盖了纤维原料—纱线—面料—服装服饰全产业链的产品，其中以精纺呢绒为核心的高端面料年开发的产品有3000多个品种，20000多种花色，30余项技术达到国际先进水平，附加值高于行业平均水平的15%，国际市场占有率为 11.2%，排名全球第一。其产品品质、技术含量、出口单价均居国内生产企业首位。

（一）注重再生资源及能源利用，建设分布式屋顶光伏发电站

如意集团注重再生资源及能源利用，2017 年在厂房屋顶建设分布式屋顶光伏发电站，电站容量 103170 瓦。2009 年"如意纺"技术即高效短流程嵌入式复合纺纱技术，获得国家科技进步一等奖，是如意集团研发人员历时 8 年多的研究，经过上万次试验，提出的新理论和纺纱新模型，"如意纺"技术通过研究新的工艺及其相关的配套技术，对纺织理论及实践进行了革命性变革，突破了纺纱的极限，实现低支高纺，同时使不可纺的纤维可纺，实现多组分多功能纺纱。"如意纺"技术可实现毛纺 500 公支、棉纺 500 英支的超高支纺纱，突破了产品档次和品质的现有水平，填补了国内国际相关技术空白，使中国纺纱技术达到世界领先水平，大大降低了传统纺织加工过程对纤维原料品级的最低要求，实现了资源优化和循环利用，具有高效、低耗、节能、短流程的显著优点。

2016 年公司承担的《乙醇微水无盐染色技术研究及其产业化》获批为山东省重点研发计划，该技术提出的纺织品无盐微水染色方法，选用低沸点、安全无毒的乙醇代替水，实现纺织品的无盐无水染色，染色时间缩短 50%、染色温度降低 10~20 ℃、节能 30% 以上，以"零排放"的方案解决了纺织业染色污水问题。通过生产和生活节水设备和节水措施的应用，如在职工浴室推广节水型淋浴喷头，厕所使用污水处理后的中水，并安装节水型冲水器等。实现了节水率超过 10% 的要求。

（二）最大限度地利用自然光采光，极大降低能源消耗

厂房最大限度地利用自然光，顶部通风器及墙面均设有大比例采光带，墙面采光带占比量大。厂房结构形式及材料选用上，均遵循了最大限度地利用自然光采光的原则，以求降低能源消耗。生产现场根据不同的使用环境选用不同类型的节能灯，引进专业照明厂家，通过科学的照明设计，采用效率高、寿命长、安全、性能稳定的节能电器 T5 等产品，以实现高效、舒适、安全、经济的绿色照明。截至 2018 年底，高效节能照明灯具投用 16072 盏，既保证了生产安全，提高了产品生产质量和劳动效率，又避免了不必要的电能

浪费，达到了照明合理与节约用电的目的。

（三）在污水处理排放口安装在线监测仪，使废水排放量在标准要求范围之内

工厂在生产过程中产生的废水，全部进入厂区污水处理系统，经过处理达到标准后，间接排入市政污水处理系统，同时在企业污水处理排放口安装了在线监测仪，为保证设备正常运行配置了四班三倒运转人员，并委托化验检测水质指标。废水排放量占用新水总量的 60% 以下，废水污染物单位产品排放量水平处于行业领先。废水处理设施能够确保满足废水排放标准执行标准《污水排入城镇下水道水质标准》（GB/T31962-2015），保证废水排放量在排放标准要求范围之内。

（四）建立公司级能源管控中心，极大提高能源管理水平

为进一步提高公司的能源管理水平，全面掌握能源系统的运行状况，实现集中管控、统一调度，提高能源系统运行的稳定性，加强对重点用能设备的监控，通过实时调配能源分配，实现用能最优，达到节能降耗的目标，公司建设了集过程监控、能源管理、能源调度为一体的公司级能源管控中心。经过设备安装、接口调试、软件开发调试等工作，平台正式投入使用，运行效果较好。

十五、新疆大全：提供垂直一体化光伏解决方案

编者按： 作为国内多晶硅生产领域的绿色制造企业，新疆大全一方面优化研发路径，从工艺设计上增加项目研发过程中物料的循环使用率；另一方面，研发并转化发明专利"基于改良西门子法的多晶硅生产方法及多晶硅生产设备"，解决二氯二氢硅储运难题。新疆大全在供应商管理、能源管理、专利研发等方面的发展经验可为传统多晶硅生产企业绿色发展提供借鉴。

新疆大全新能源股份有限公司（简称"新疆大全"），于2011年2月22日成立于石河子经济开发区化工新材料产业园，由大全新能源公司在新疆石河子投资建设，属中外合资企业，注册资本16.25亿元，主要开展多晶硅、硅片、光伏电池、光伏组件和光伏发电系统产品的生产、加工和销售，公司在新疆石河子建有多晶硅生产基地，年产能35000吨，产品技术指标达到国际先进水平。

公司自成立以来，在新能源领域围绕做好产品、做大产能、为客户创造更多价值的三个中心任务，在国内建立了以光伏硅材料基地为基础，建成包括多晶硅、硅片、太阳能电池、组件、上网接入系统和光伏电站建设等在内的完整产业链，致力于在世界范围内为用户提供垂直一体化光伏解决方案。

（一）贯彻多晶硅生产全生命周期的理念，最大限度降低资源消耗

新疆大全在绿色研发方面一直不断探索，倡导绿色研发，贯彻多晶硅生产全生命周期的理念，在产品设计开发阶段系统考虑原材料获取、生产制造、包装运输、使用维护和回收处理等各个环节对资源环境造成的影响，力求产品在全生命周期中最大限度降低资源消耗、尽可能少用或不用含有有害物质的原材料，减少污染物产生和排放。公司还努力降低研发过程中产生的各种

废弃污染物，从原料来源到研发整个过程中，每个环节都要求做到减碳、减排。一方面公司不断开展技术创新，优化研发路径，从工艺设计上增加项目研发过程中物料的循环使用率；另一方面公司不断开展管理创新，优化研发管理制度，对绿色制度因素进行新的组合和配置，遵循生态原理和生态经济规律，节约资源和能源，避免、消除或减轻生态环境污染和破坏。

（二）对供应商产品进行有害物质符合性抽检

出于对环境保护的强烈责任意识，新疆大全在采购环节中对供应商提出了较为严格的环境要求，并积极开展供应商培训，促进供应商的绿色运营。

新疆大全参与制定了2018-050-T/CNIA《绿色设计产品评价技术规范——多晶硅》，要求供应商获取环境管理体系方面的认可，如通过ISO14001、EMS环境管理体系认证等，暂未获得环境体系方面认可的应制订相应认证计划，并至少建立有害物质和材料标识管控体系。供应商体系建设至少要包括：原辅料生产阶段、入库检查、生产一致性控制、产品确认检验、标识和追溯性、包装、储存、搬运以及设计变更等方面。新疆大全定期或不定期对供应商产品进行有害物质符合性抽检，并与供应商提交数据进行核对，建立健全供应商考核制度。

（三）建立能源管理中心，实时监测用能数据

自建厂以来，新疆大全就通过外购电力、蒸汽和工业用水来满足生产，与自建火电厂相比，大大降低了对空气的污染。2014年12月，公司进行"多晶硅产业冷氢化技术应用示范"项目改造，项目实施后年节电4.2亿度，年减少废气排放量：二氧化碳，35.89万吨；二氧化硫，10800吨；氮氧化物，5400吨；降低氮氧化物的排放，改善了周边地区的生态环境；2016年9月，建立能源管理中心，实时监测用能数据；2016年6月，对扩建和二期A阶段项目车间实施了循环经济改造，每年可节约1.4万吨物料和100万吨工业用水；2017年12月，新疆大全实施了"多晶硅还原炉高频加热电源系统及自动测控系统研发"技术升级改造，每年可节约能源6072.63吨标准煤，减少16153.21吨二氧化碳排放。

（四）研发并转化发明专利"基于改良西门子法的多晶硅生产方法及多晶硅生产设备"，解决二氯二氢硅储运难题

新疆大全为提高产品质量，降低产品能耗，贯彻绿色产业链的观念，公司不断开展技术创新，在保证产品质量的前提下，进行产品改良。公司重点产品单晶硅备料的原工艺中需要三氯氢硅作为原料，因三氯氢硅制备时，副反应会产生二氯二氢硅，二氯二氢硅属于易燃易爆品，在运输安全及生产车间的防爆等方面有较高要求，增加了运输成本及环境风险，并且增加车间的建设成本及能耗，公司大力研发并成功转化发明专利"基于改良西门子法的多晶硅生产方法及多晶硅生产设备"，成功解决每年2万吨二氯二氢硅储运难题。

（五）积极打造"花园式工厂"

新疆大全在建厂初期，投入巨额资金进行工厂绿化，石河子经济技术开发区项目建设均严格按照国家建设规划许可审批指标要求进行厂房、绿化用地、透水地面等建设。其中，绿化面积占总占地面积的13.8%。同时，新疆大全购买污水处理设施进行生产用水回收利用，将处理达标的废水用于绿化用地植被及树木的浇灌，为员工提供舒适的绿色工作环境，力争打造"花园式工厂"。

十六、马钢股份：按照"精料方针"进行过程控制

> **编者按**：作为国内钢材生产领域的绿色制造企业，马钢股份一方面着眼于企业重点大气与水污染源深度治理，进一步推进环保设施提标升级改造；另一方面，持续进行工艺技术优化和实施"精料方针"和过程控制，大幅降低原材料消耗和提高资源产出率。马钢股份在利用先进技术、环保投入、降低原材料消耗等方面的发展经验可为传统钢材生产企业绿色发展提供借鉴。

马鞍山钢铁股份有限公司（简称"马钢股份"）是中国特大型钢铁联合企业和重要的钢材生产基地，隶属安徽省委省政府及省国资委管辖，是安徽省最大的工业企业之一。马钢股份位于长江之滨，地理位置优越，交通快捷便利，现有马钢股份本部、合肥公司、长钢股份三个钢铁生产基地，员工5.6万人，已具备2000万吨钢以上的综合配套能力。

马钢股份是依靠自身积累、滚动发展起来的国有企业，1953年马鞍山铁厂出铁；1958年马鞍山钢铁公司成立；1993年成功实施股份制改制，分立为马钢总公司和马鞍山钢铁股份有限公司，马鞍山钢铁股份有限公司成为我国钢铁行业第一家 A+H 股上市公司；1998年马钢总公司依法改制为马钢（集团）控股有限公司。

马钢股份拥有钢铁主业和多元产业两大业务板块。钢铁主业主营黑色金属冶炼及其压延加工与产品销售，拥有冷热轧薄板、镀锌板、彩涂板、硅钢、高速线（棒）材、H型钢、车轮（轮箍）等世界一流的生产线，形成独具特色的"板、型、线、轮、特"产品结构，板带比超过50%，主体装备均实现大型化和现代化，70%的工艺装备达到世界先进水平。公司产品出口到50多个国家和地区，广泛应用于航空、铁路、海洋、汽车、家电、造船、建筑、

机械制造等领域及国家重点工程，其中 H 型钢、车轮产品为"中国名牌"产品。多元产业包括矿产资源产业和金融、环保等非钢产业，其中矿产资源业以铁矿石为主，业务集中于矿业公司，下辖南山矿、姑山矿、桃冲矿、罗河矿、张庄矿；非钢产业涉及金融、环保、物流、贸易、工程设计、钢结构、设备制造及安装、技术咨询及劳务服务等领域。

（一）充分利用先进节能减排技术，推进能源高效利用

马钢股份从推广节能项目、加强能源管理，强化二次能源回收利用等方面入手，大幅提升了企业能源利用效率。马钢股份非常重视节能项目建设，凡是国内外钢铁行业先进成熟的节能减排技术在马钢股份均有应用，主要包括干熄焦技术、焦炉、高炉混合煤气燃气—蒸汽联合发电（CCPP）技术、TRT 发电技术、烧结低温烟气余热回收发电技术、能源管控中心、转炉煤气全额回收、电机系统节能、钢渣在线处理以及环保、资源综合利用设施等。在能源管理体系建设方面，马钢股份严格按照钢铁企业能源管理体系相关要求进行建设，并通过能源管理体系认证，具有良好的能源管理基础。2015年，马钢股份年产生铁 1324.1 万吨，粗钢 1402.6 万吨，轧材 1349 万吨，能源消费总量折合 843.34 万吨标准煤，吨钢综合能耗 601.2 千克标准煤/吨，以 2010 年吨钢综合能耗 643 千克标准煤/吨为基础，截至 2015 年，马钢股份吨钢综合能耗下降 41.8 千克标准煤/吨，下降幅度为 6.5%，自发电比例达到 70%以上，二次能源回收利用水平较高；"十二五"规划期间，政府部门要求马钢股份完成 98 万吨标准煤的节能量，马钢股份将政府部门下达的节能目标逐年分解，每年严格完成，截至 2014 年，马钢股份累计节能量 104.6 万吨标煤，提前完成了政府下达的"十二五"规划节能任务。

（二）加大环保投入，落实一系列工程措施和管理措施

"十二五"规划期间，马钢股份坚持把环境保护、资源能源节约和循环经济纳入企业总体发展战略统筹考虑，通过大力开展结构调整和节能减排，加大环保投入，先后投入 6.4 亿元，实施了一铁总厂高炉出铁场烟气治理工程、三铁总厂 380 平方米烧结机烟气脱硫工程、热电总厂 135 兆瓦机组烟气脱硫工程、三铁链篦机球团脱硫工程、热电 12 号炉脱硝工程、老区焦化生化水处理提标改造、3 号竖炉烟气脱硫工程等环保治理项目，按照"污染排放达标、总量控制有效、环境风险受控、建设项目合规、生产过程清洁、资源循环利用"的总体思路，持续加大管理力度，通过一系列工程措施和管理措施的落实，现场环境绩效显著提升，实现了资源与环境协调友好发展，为"十三五"规划全面实现绿色发展奠定坚实基础。截至目前，马钢股份吨钢 SO_2 排放量为 0.39 千克/吨，吨钢颗粒物排放量为 0.47 千克/吨，吨钢 NO_x 排放量为 1.06 千克/吨，吨钢 COD 排放量为 0.06 千克/吨，吨钢氨氮 0.003 千克/吨，吨钢废气排放量为 23000 立方米/吨，吨钢废水排放量为 1.38 立方米/吨。污染物排放绩效指标基本达到甚至远优于钢铁行业清洁生产一级指标。

（三）实施"精料入炉"，大幅降低原材料消耗

马钢股份始终坚持循环经济"减量化、再利用和资源化"原则，在钢铁生产及产品服务全生命周期努力践行清洁生产、绿色采购和废弃物资源化利用等循环经济发展理念。通过实施"精料入炉"、工艺技术优化和过程监控等措施，大幅降低原材料消耗和提高资源产出率；强化对供应商和采购过程的精细化管理，坚决开展绿色采购和持续推进绿色采购供应链建设；加大废弃物资源化利用，持续推进资源综合利用产业规范化、规模化发展，大力发展循环经济，努力实现企业的绿色、低碳、循环发展。马钢股份先后获得国家第二批循环经济示范试点单位和国家首批资源节约型环境友好型试点企业等荣誉。

十七、九江石化：实时监控预判能源利用状况

编者按：作为国内原油加工及石油制品生产领域的绿色制造企业，中石化九江分公司一方面加大投入，完善各类测量配备及检测；另一方面，建立环境监测站，对外排废水、废气安装在线监测仪。中石化九江分公司在完善节能工作机制、提升能源利用水平、减少资源消耗等方面的发展经验可为传统原油加工及石油制品生产企业绿色发展提供借鉴。

中国石油化工股份有限公司九江分公司（简称"九江石化"）是江西省境内唯一的大型石油化工企业。公司前身为九江炼油厂，1975 年国家批准筹建，1980 年 10 月建成投产，后曾更名为九江石油化工总厂。2000 年，根据中国石化整体重组改制部署，总厂主要经营性资产上市，成立了中国石油化工股份有限公司九江分公司。

公司占地面积 4.08 平方千米，原油一次加工能力 1000 万吨/年，主要有常减压、催化裂化、连续重整、加氢裂化、渣油加氢、延迟焦化、汽柴油加氢、聚丙烯等生产装置，以及配套的公用工程、辅助设施，主要产品有汽油、柴油、航煤、三苯、液化气、石油焦、聚丙烯等。原油通过仪征—长岭管道输送进厂，成品油通过九江—南昌—樟树成品油管道以及铁路、水路等方式出厂。九江石化加工原油以鲁宁管输油为主，2015 年 800 万吨/年油品质量升级改造工程项目于 10 月 18 日实现了全流程打通，产品合格。至此九江石化原油加工综合配套能力达到 800 万吨/年。

公司通过了质量体系和 HSE 体系认证，建立了融合 6 个国家级体系标准、4 个中国石化标准的一体化管理体系，先后获得了"全国环保先进单位"

"全国绿化先进单位""全国'五一'劳动奖状""全国先进基层党组织"
"全国思想政治工作先进单位""全国精神文明建设工作先进单位""全国文
明单位""全国设备管理优秀单位"等荣誉称号，2015 年 7 月，公司"石化
智能工厂建设"项目成功入选国家工业和信息化部 2015 年"智能制造试点
示范"项目。

（一）加大投入，完善各类测量配备及检测

九江石化加工原油以鲁宁管输油为主，2015 年实施油品质量升级改造工
程项目，使其原油加工综合配套能力达到 800 万吨/年。公司计量管理工作全
覆盖于安全环保、生产运行、经营管控、发展建设、技术质量等多方面的企
业经营管理，近三年来，九江石化投入约 4000 万元完善各类测量配备及检
测，涉及能源进出、产耗、流转各类计量仪表 1708 台（件），其中进出用能
单位能源计量器具 223 台，配备率 100%；进出主要次级用能单位能源计量器
具 37 台，配备率 100%；进出用能单位能源计量器具准确度等级和进出主要
次级用能单位能源计量器具准确度等级及配备率均符合 GB/T-17167 要求。

（二）实施能源利用情况实时监控

公司通过采取完善节能工作机制，从严考核问责，建设和用好能源管理
系统，持续优化过程用能等措施节能。能源投入有燃料气（含天然气）、锅
炉燃料煤、煤制氢原料煤、催化烧焦、锅炉掺烧的石油焦、外购电、外购水、
锅炉点火用少量燃料油。

公司积极落实"安全平稳、整体最优、资源节约、指标先进"的板块行
动理念和准则，通过充分发挥能源管理系统"能流可视化，能效最大化，在
线可优化"功能和集中管控模式的优势，强化节能管理，做好全公司能源利
用状况实时监控和全厂工艺生产过程、公用系统用能优化；全面实施"能效
倍增"计划，推广应用节能"四新"技术；并结合实施全员节能意识教育、
开展能效对标和节能专项劳动竞赛等措施，提升能源利用水平。力争炼油综
合能耗降至 60 千克标油/吨以下、炼油单因耗能降至 7.50 千克标油/吨·因
素以下和能源密度指数（EII）降至 70.0 以下，三项指标都达到千万吨级炼
厂国内同行领先水平。

（三）建立环境监测站，对外排废水、废气安装在线监测仪

公司拥有年总生产能力为 170000 吨硫黄回收装置及硫黄尾气处理设施，确保各生产装置产生的酸性气体以回收利用，减少二氧化硫排放量；对精制油品生产过程中产生的碱渣进行处理。公司拥有 2 座现代化的工业污水处理装备和 1 座生活污水处理装备，其中炼油污水处理场设计总处理能力 1000 吨/小时，含油污水深度处理后回用不外排；煤制氢污水处理场设计处理能力 120 吨/小时；为避免高含硫含氨污水冲击污水处理场，公司购置了总处理能力为每小时 230 吨的酸性水汽提预处理装备。公司建有防渗设施和废液收集系统完备的危险废物暂存场，采用双层高密度聚乙烯材料衬里防渗；生产装置正常生产产生的尾气及异常情况下排放的各类烃类废气，送入火炬气回收系统回收，作为加热燃料。公司的 2 台 CFB 锅炉采用炉内脱硫并建有二次脱硫脱硝设施；两套催化裂化装置再生烟气经脱硫脱硝处理后排放。公司拥有环境监测设施齐全的环境监测站，外排废水、废气安装在线监测仪。

十八、江苏钰明：源清者必洁

编者按：作为国内城市道路照明设备生产领域的绿色制造企业，江苏钰明一方面在研发设计阶段就积极引入生态设计理念，另一方面建设屋顶分布式光伏发电站，极大降低能耗。江苏钰明在研发设计、循环利用、照明节能等方面的发展经验可为传统城市道路照明设备生产企业绿色发展提供借鉴。

江苏钰明集团有限公司（简称"江苏钰明"），坐落于盐城国家高新技术产业开发区，是一家集城市道路照明设备研发、设计、生产、销售及工程承包于一体的国家高新技术企业。江苏钰明自成立以来，发扬"团结协作，奋发进取，开拓创新，追求卓越"的企业精神，秉承"以诚信创质量、以质量铸品牌、以品牌赢市场、以市场促发展"的经营策略，致力于打造质量过得硬、客户信得过、市场反响好、社会满意度高的品牌产品。江苏钰明生产的太阳能供电一体化 LED 灯具，单晶和多晶太阳能光伏组件，太阳能光伏储能锂电池以及各种道路灯、景观灯、庭院灯等一系列灯具，因其具有"高端、优质、节能、环保、绿色"的特点，受到广大客户的青睐和市场的普遍欢迎，江苏钰明的综合实力进一步壮大。

（一）着力打造"花园式工厂"

江苏钰明新建工厂时，严格按照国家相关的法律法规要求进行规划，不仅符合盐城高新技术产业开发区的总体规划，而且符合单体建筑的控制性详规，同时遵守国家"三同时制度""工业项目建设用地控制指标"等产业政策和有关要求，坚持规划不到位不开工，手续不齐全不开工。在建筑材料和装饰材料方面，尽量选用蕴能低、高性能、高耐久、无毒、无害、无污染的材料，保障员工的身体健康和生态环境保护。

江苏钰明重视厂区内的基础设施建设，在建设标准化厂房的基础上，力争配套设施达到或超过规划规定的指标。室外透水地面积占室外总面积的40.32%。在建设过程中，尤其重视厂区绿化工作，绿化面积占总地面积的19.1%。致力于将工厂打造为春有百花，夏有浓荫，秋有甜果，冬有梅香的可观可赏、宜息宜游的"花园式工厂"。

（二） 在研发设计阶段就积极引入生态设计理念

江苏钰明注重创新能力的提升，不断加大投入，加强研发和创新能力的培养。为了将绿色发展的理念贯穿于生产经营发展的全过程，在研发和设计阶段，就积极引入生态设计理念，融入绿色制度因素。切实加强绿色因素在产品中的组合和配置，使产品遵循生态原理和生态经济规律，从而达到节约资源和能源，防止生态环境污染和破坏的目的。

"表曲者景必邪，源清者流必洁"。产品的绿色，在某种程度上决定于原料的绿色。江苏钰明出于对环境保护的强烈意识，在采购环节中对供应商提出了严格的环境要求。一是要求供应商获得环境管理体系认可。二是开展供应商的培训，提高供应商的绿色经营水平。三是建立供应商考核制度，发现不合格的供应商，及时取消供应资格。四是建立《原材料采购、仓储、领用、回用制度》，保障原材料的节约化使用。

（三） 实施运输塑料托盘的循环利用

废气排放治理方面，一是对车间内存在的少量粉尘，主要采用了强制排风、通风措施。二是对食堂油烟，主要通过油烟净化装置净化后实施无组织排放。废水方面，主要是生活污水。食堂废水经隔油处理后与其他生活污水一起经组合式化粪池预处理后，再接入污水收集管网进入盐城苏水水务有限公司处理。固体废弃物方面，对于生产的金属边角料，主要卖给有资质的回收单位综合利用。对于生活垃圾，主要委托盐龙街道环卫部门集中清运处理。噪声治理方面，主要通过设备加垫减震、关闭门窗减震和绿化减震等措施，有效减少了噪声污染。

由于生产经营活动的增加，必然加快物流配送服务的发展。一方面对运输车队加强管理，提高物流效率，尽量减少车辆的使用，减少能源使用和对大气的污染。另一方面，在厂内的运输环节，实行运输塑料托盘的循环利用，既节约了资源，又减少了污染。

（四）建设屋顶分布式光伏发电站，极大降低能耗

一方面，大力加强能源结构的优化，减少不可再生能源投入。通过合理使用空气能，取代原电加热热水器，降低热水制备用能量；通过发展太阳能，建设屋顶分布式光伏发电站，减少用电量；通过使用太阳能路灯，降低电力消耗率。另一方面，大力加强节能降耗改造，减少不可再生能源投入。在照明节能方面，在厂区及各房间或场所等位置采用了 LED 灯具绿色照明，有效降低了能耗。此外，还对数控加工中心项目、焊接工艺升级等 8 个项目进行了节能技改升级，均取得了预期效果。

十九、法泽尔：创新涡流无损检测技术

编者按： 作为国内内燃机制造领域的绿色制造企业，法泽尔一方面开展对涡流无损检测技术的应用推广，另一方面厂房采用多层钢结构设计，实现集约化用地。法泽尔在管理体系、先进技术的应用推广、集约化用地等方面的发展经验可为传统内燃机制造企业绿色发展提供借鉴。

湖南法泽尔动力再制造有限公司（简称"法泽尔"）为长沙市法泽尔动力科技有限公司的全资子公司，2015 年项目选址浏阳高新技术产业开发区鼎盛路。项目总用地 16666.75 平方米（约 25 亩），新建生产厂房、办公楼、辅助用房及项目辅助基础设施，新建总建筑面积为 14000 平方米，新增关键工艺设备和检测设备，为中型及重型卡车、工程机械发动机进行配套再制造，形成再制造生产和检测能力，项目主要产品为中型及重型卡车、工程机械的配套再制造发动机。2016 年投产以来，公司产品以品质优良、价格合理、服务周全深得广大用户的认可，年生产销售各类型再制造柴油、天然气发动机 1500 余台套，并保持逐年 15% 的正增长率。

（一）通过一系列管理体系的建立，强化公司管理体制

法泽尔完成了质量管理体系第三方认证，取得认证证书，并通过了安全生产标准化，环境管理体系、能源管理体系已顺利通过第三方审核。一系列管理体系的建立，不仅强化了公司的管理体制，增强了产品市场的竞争力和客户满意度，为员工创造了安全、温馨的工作环境，而且树立了较好的企业形象，为公司的下一步发展奠定了坚实的基础。

（二）开展对涡流无损检测技术的应用推广

法泽尔重视先进生产技术、生产工艺的应用推广和创新突破，目前公司

已经与外部企业战略合作引进推广了涡流无损检测、超音速等离子喷涂、纳米电刷镀、激光熔覆等先进技术与工艺，整体技术水平已经处于国内发动机再制造企业前列。先进的生产技术和制造工艺，确保公司在再制造产品的品质和性能上达到优秀水平。

（三）厂房采用多层钢结构设计，实现集约化用地

法泽尔注重基础设施的建设和维护，绿色工厂硬件条件卓越。公司加大基础设施建设的投入，厂房布置科学合理，各功能区分区布置，物流顺畅，便于组织生产，危险工作间、仓库等单独布置，便于管理。部分厂房采用多层钢结构设计，有利于集约化用地。建筑节能设计到位，选用节能、环保且热工性能优越的建筑材料，强化围护结构热工性能，充分利用自然通风和采光。积极探索可再生能源利用的可能性，计划采用太阳能为员工提供生活热水，采用光伏板集电系统供车间照明。

二十、海天食品：低耗能可回收材料替代传统材料

> **编者按**：作为国内调味品生产领域的绿色制造企业，海天食品一方面使用低耗能可回收材料替代传统耗能材料，另一方面研发零添加产品。海天食品在智能化管理系统、沼气回收利用、产品研发等方面的发展经验可为传统调味品生产企业绿色发展提供借鉴。

佛山市海天（高明）调味食品有限公司（简称"海天食品"）位于高明沧江工业园，是一家生产、销售各类调味品的大型食品企业，产品包括酱油及酱类、蚝油、鸡精等调味品。海天食品于 2005 年 10 月建成投产，目前年产能达到 280 万吨，占地约 2500 亩，现有职工 2000 多人，拥有大专以上学历各类专业技术人员 700 余人。2010 年被认定为国家高新技术企业，2012 年被认定为广东省清洁生产企业。

（一）建立智能化管理系统

海天食品建立并运行了能源管理中心和能源数据在线采集系统，实现了各种能耗数据的实时监控和能源、产量的电子化统计，能源系统监测、控制系统尤其是数据采集仪表和自动化水平较高，达到了企业能源管理中心系统需要的配置水平，实现了对生产能源系统监控和系统优化调度的有机结合。智能化管理系统的建立不仅节省了人力成本，更通过建立各层级的能源利用数据报告，提高了各层级的能源管理水平。

海天食品不仅实现了各生产流程的智能化，还依托物联网和大数据，建立起联通选料、制曲、晒制、灌装、检测、包装各环节的智能化管理系统。依托这套系统，原来分散而独立的包装设备互通互联。通过无线射频识别技术，每一瓶酱油的生产数据都被记录下来。这意味着每瓶酱油都可溯源，来自哪一天、哪一条生产线，提高了对产品全生命周期的管控。

（二）使用低耗能可回收材料替代传统耗能材料

在保证产品品质和强度的前提下，海天食品的产品设计中积极采用轻质 PET 瓶替代传统厚重的高耗能玻璃瓶产品，且 PET 产品使用后回收循环利用率远远大于玻璃瓶，此举措在节约能源的同时也降低了产品自身重量，减少了运输过程中的能源损耗。对于无法完全替换的产品，海天食品积极优化产品外形设计，在保证材料强度的前提下降低单个玻璃瓶的重量，从而达到节约原料和能源的目的。

（三）实施沼气回收利用，极大减少燃煤投入量

海天食品加强废水站厌氧处理产生的沼气回收利用，将收集的沼气通过燃烧器射入炉膛内燃烧，全年回收沼气约 2000 吨标准煤，大大减少燃煤投入量。开展光伏发电建设，海天一期安装光伏发电设备 1 兆瓦，采用低压并网，已于 2016 年并网发电，年发电量约 100 万度。使用低碳清洁新能源对海天用能结构进行优化，逐步降低不可再生能源在生产中所占比例，保护环境。

（四）研发零添加产品

海天食品在保证产品品质和风味的同时，研发零添加产品，通过降低产品使用原材料种类，提高了产品环保健康的品质，降低了能耗并保证了酱油的真与纯的美味。

二十一、广西博冠：构建制浆废渣综合利用产业链

> **编者按：** 作为国内制浆造纸领域的绿色制造企业，广西博冠一方面采用全无氯漂白技术，实现了蔗渣制浆漂白的清洁生产；另一方面，构建了蔗渣纸浆产业链和制浆废渣的综合利用产业链。广西博冠在清洁生产、生态设计、提高资源利用率等方面的发展经验可为传统制浆造纸企业绿色发展提供借鉴。

广西博冠环保制品有限公司（简称"广西博冠"）原名为"广西博冠纸业有限公司"，于 2016 年 12 月 21 日更名登记为广西博冠环保制品有限公司。公司属中外合资企业，于 2007 年 10 月注册成立，总投资 36900 万元，坐落于广西宜州市洛东工业园区，距离宜州市 26 千米。

广西博冠以广西丰富的甘蔗渣为原料，生产漂白蔗渣浆，年产量 5 万吨。项目总投资 25689.46 万元，于 2010 年 4 月正式动工建设，2011 年 12 月完成安装并成功投入试运行。以年产 5 万吨漂白蔗渣浆为基础，公司于 2015 年投入资金 3500 万元建设年产 5 万吨浆板生产线，浆板质量已符合食品级餐具专用的模塑纸餐具专用浆板要求，替代泰国进口的纸塑专用漂白蔗渣浆，并获得自治区新产品认证。该产品不仅替代进口产品，节约了外汇，而且填补了国内蔗渣浆专用浆板的空白，部分产品已出口欧美市场。

（一）采用全无氯漂白技术，实现了蔗渣制浆漂白的清洁生产

广西博冠采用了华南理工大学陈克复院士团队自主研发的用于中浓清洁漂白的关键技术与设备，全无氯漂白技术 2009 年已列为国家《轻工业调整和振兴规划》《轻工业技术进步与技术改造投资方向》《造纸行业清洁生产技术推行方案》的推荐技术。整体技术与装备已达到国内领先、国际先进的水

平，实现了蔗渣制浆漂白的清洁生产。

（二）将洗渣机底部的底刀改造为不带切断功能的筛板，极大提高了蔗渣原料的利用率

广西博冠对水力洗渣机的转子结构进行了改造，提高原料的利用率。原水力洗渣机底部安装的是带切断功能的底刀，在洗渣过程中，转子高速转动，大量蔗渣不断被分丝切断。蔗渣在抽到斜螺旋脱水过程中，分丝切断的蔗渣被过滤流失，最终导致蔗渣消耗量增加。通过将洗渣机底部的底刀改造为不带切断功能的筛板，在洗渣过程中蔗渣能保持原有状态，减少了在脱水过滤过程中的流失，提高蔗渣原料的利用率。

（三）采用氧脱木素技术，大幅度减少氯的用量

制浆造纸行业采用的原材料通常为木浆、竹浆及蔗渣浆等，由于木浆中的树脂易残留在产品中，而蔗渣成分相对比较简单且无毒性，相较而言，蔗渣更为绿色环保安全。广西博冠采用的原材料为糖厂制糖后产生的废弃物蔗渣，甘蔗生长周期短，较木浆原材料而言更加经济环保，生产中产生的废弃物蔗髓由于含糖量较高，可再回收利用于生态化生产菌类。原材料蔗渣及产成的产品本身均为生物可降解物质，大大减少了对环境的影响。

广西博冠在生产过程中采用氧脱木素技术。氧脱木素技术是在蒸煮后，保持纸浆强度而选择性脱除木素的一种工艺。它是氧碱漂白的简称，它是指纸浆在碱性条件下，以镁盐为保护剂，在适当的浆浓和压力等条件下，用氧气脱除木素进行漂白的方法。氧脱木素技术减少了漂白过程中氯的用量，大大降低了有机卤化物的总量，也降低了 COD、BOD 等指标，其应用能极大地减轻对环境的污染。

（四）构建了蔗渣纸浆产业链和制浆废渣的综合利用产业链

广西博冠以纸浆为基础，构建了包括食品级的板浆、模塑纸餐和纤维素衍生品（食品级微晶纤维素、食品级羧基甲基纤维素等）及半纤维素衍生品的蔗渣纸浆产业链。

广西博冠构建了制浆废渣的综合利用产业链，主要包括废渣热能的利用和废渣中物质材料的利用，前者是利用某些废渣的可燃性和热值较高的特性，采用燃烧法处理，既回收了其中的热量，又减少了污染。后者是利用废渣的全部或部分物质作为原料，生产其他产品，例如，以废渣作为生产建筑材料；生产废水采用厌氧处理，沼气回收作为锅炉燃料，从而 COD 大幅度削减，生产废水处理后，能达到循环重复利用，废水中的污泥作为生态肥的原料或石漠化改良剂。

二十二、三亚华盛：粉磨车间实现无尘化生产

> **编者按**：作为国内水泥粉磨生产领域的绿色制造企业，三亚华盛一方面将含尘废气通过配备袋式除尘器进行过滤净化后排入大气，另一方面充分利用太阳能发电。三亚华盛在技术创新、利用太阳能、减少粉尘等方面的发展经验可为传统水泥粉磨生产企业绿色发展提供借鉴。

三亚华盛水泥粉磨有限公司（简称"三亚华盛"）是昌江华盛天涯水泥有限公司全资子公司，昌江华盛天涯水泥有限公司是海南省著名的现代化水泥工业企业，企业总资产40多亿元，年水泥生产能力1300万吨、销售收入约45亿元，位居全国水泥行业50强，是国家重点扶持的100家建材企业之一、全国建材行业先进集体、"十一五"全国节能先进单位、全国发展循环经济先进单位，2008年入选海南建省办特区二十周年十大工程，被评为海南省"十一五"节能攻坚优秀单位。

三亚华盛位于海南省三亚市，于2008年设立，是在淘汰了落后的立窑水泥生产线后建立的水泥粉磨生产企业。三亚华盛现有水泥粉磨生产线三条，分别于2008年、2010年和2013年建成，年设计生产规模300万吨，2016年水泥实际产量345万吨。现有员工320人，年工业产值约10亿元，年销售水泥350万吨。

（一）生产过程全部采用集散式中央控制系统

水泥生产工艺采用辊压机+球磨机的联合粉磨系统，能最大限度发挥磨机的能力，降低水泥粉磨电耗。成品水泥分为散装和包装两种，散装配套能力达到70%以上，具体根据市场需求决定袋、散比例。生产过程全部采用集散式中央控制系统，由中央控制室全部操控全厂各类生产设备。

三亚华盛的办公楼和厂区在设计和布局上充分利用自然光。通过玻璃将自然光引入办公室及大厅内，充分利用自然采光。厂区和道路照明设置自动开、关装置，定时开灯和关灯，避免人工操作的失误，生产照明全部采用LED灯具。

（二）采用工业废渣脱硫石膏替代天然石膏

三亚华盛水泥生产所需的石膏采用电厂去除二氧化硫产生的副产品工业废渣脱硫石膏替代天然石膏，采用废石粉工业废渣替代火山灰做混合材料，每年废渣利用量约100万吨，水泥产品废渣利用率达到近30%，既消纳了大量的工业废渣，又减少了资源开采量，有效保护了资源和环境。

（三）将含尘废气通过配备袋式除尘器进行过滤净化后排入大气

三亚华盛将含尘废气通过配备袋式除尘器进行过滤净化后排入大气，共配备袋式除尘器50台，1小时处理风量163.95万立方米，经处理后的废气含尘浓度低于20毫克/立方米，过滤下来的粉尘回流到原设备或储库中作为原料再次使用或作为成品水泥。为了保证生产过程除尘设备百分之百运行正常，各排放口均设有图像监控设备，由中央控制室进行监控，从而确保杜绝未经净化处理的废气排入大气而造成空气污染。

为减少无组织排放的粉尘，三亚华盛将全部的生产厂房、原材料运输通道进行密闭，进出厂车辆均用水冲洗轮胎，基本上解决了无组织粉尘排放问题。为更好地降低废气中粉尘的排放浓度，三亚华盛计划引进采用纳米技术制造的新材质布袋，将废气含尘浓度降到10毫克/立方米。

（四）充分利用太阳能发电

三亚市地处亚热带，阳光充足，是利用太阳能发电、发展绿色能源的绝佳区域。三亚华盛在实施环保治理和清洁生产工作的同时，投资约5000万元，利用封闭生产车间形成的屋面平台，安装太阳能极板，装机容量8.6兆瓦。项目于2017年8月开工，2017年底建成发电，2018年发电量997万度，实现节能量约2941吨标准煤。

二十三、一名微晶：变大宗尾矿和
工业废渣为微晶玻璃

> **编者按**：作为国内微晶材料生产领域的绿色制造企业，一名微晶一方面建造产能为 45 吨/天的冷顶式全电熔窑炉；另一方面将废水经过简单三级沉淀和絮凝剂处理后全部回收利用。一名微晶在废料回收利用、节能改造、有害生产原料替代等方面的发展经验可为传统微晶材料生产企业绿色发展提供借鉴。

四川省一名微晶科技股份有限公司（简称"一名微晶"）是一家以大宗尾矿和工业固体废渣为原料，采用拥有自主知识产权的全电熔压延技术专业从事微晶玻璃新材料技术研发和生产经营的国家高新技术企业，公司成立于 2011 年 7 月，注册资本为 28343.5 万元，位于四川省雅安市荥经县烈太产业功能区。初期设计产能为年产微晶玻璃新材料 500 万平方米，已形成产能 260 万平方米。截至 2016 年 12 月底，资产总额为 106363 万元，占地 800 余亩，公司员工 730 余人，其中工程技术人员 221 人，具有中高级技术职称人员 84 人，2016 年实现销售收入 37000 万元。

一名微晶拥有各项专利技术 16 项，申请专利技术 11 项，注册商标 15 个，申请注册商标 26 个，获得国家创业创新大赛优秀企业奖 1 项，获得省级科技进步三等奖 1 项，获得省级专利二等奖 1 项、三等奖 2 项，市级科技进步一等奖 1 项，完成科技成果鉴定 2 项，并成功实现了产业化转化，其中 1 项被评为四川省重大科技成果转化工程示范项目。2014 年 12 月，公司被国家发改委、国家标准委列为"国家循环经济标准化试点企业"。公司投资建设的年产 500 万平方米微晶玻璃项目，2015 年 1 月被国家工业和信息化部、国家安全生产总局确定为"尾矿综合利用示范工程"，同年 6 月，公司被四川省科技厅等单位认定为"四川省建设创新型培育企业",2016 年被国家工业和信息化部认定为工业产品生态(绿色)设计示范企业。

(一)采用全电熔压延技术,以电力为主要能源

一名微晶采用全电熔压延技术,以电力为主要能源,能耗仅为传统烧结法工艺的 1/3,符合工厂使用的设备应达到相关标准中能效限定值的强制性要求。2016 年一名微晶单位产品综合能耗为 494.49 千克标准煤/吨(试验中的 EMIN 微晶玻璃综合能耗可达 330 千克标准煤/吨),明显低于浙江省颁布的 DB33/682-2012《玻璃单位产品能耗限额及计算方法标准》先进值 750 千克标准煤/吨。石英砂微晶玻璃产品综合能耗为 6.5 千克标准煤/吨(未计算毛坯打磨能耗),低于《绿色设计产品评价技术规范 陶瓷砖》(T/CAGP 0013-2016)中单位产品综合能耗 8.0 千克标准煤/平方米的限额。一名微晶单位产品综合能耗 2014 年为 521.41 千克标准煤/吨、2015 年为 549.87 千克标准煤/吨,单位产品综合能耗下降趋势明显。一名微晶能源消耗数据及单位产品综合能耗数据统计清晰、记录完整,且建有能源管控中心。

一名微晶 2017 年就已发布《关于加强高耗能落后机电设备产品控制管理的通知》,明令淘汰高耗能落后机电设备,制订了详细的高耗能落后机电设备淘汰计划和新设备的采购计划,同时对产品生产工艺进行了节能改造,节能改造后效果明显。

(二)生产过程中产生的废料全部回收利用

一名微晶主要资源投入为生产原料采石尾矿,如花岗石、大理石、石英矿、玄武岩等尾矿,目前主要采用花岗岩尾矿生产微晶玻璃,属于废弃物综合利用行业,花岗岩尾矿占原料总量的 66.08%(报告测算,2016 年实际值为 57.01%),生产过程产生的废料可全部回收利用。一名微晶已进行了有害生产原料的替代,有明确的原材料采购要求,在采购流程中对花岗岩尾矿技术指标及质量进行规定,并进行定期的进货检验,抽取的检验报告结果符合相关管理要求。

(三)建成 5 座产能为 45 吨/天的冷顶式全电熔窑炉

一名微晶已经建成的 5 座产能为 45 吨/天的冷顶式全电熔窑炉,经专家鉴定是目前国内微晶玻璃窑炉行业节能效果最好、排放量最低的成套设备,

能源以清洁能源水电电能为主，原料以尾矿和工业固体废弃物为主，且智能化程度较高，每条生产线装备投入约4200万元。同时，为了做好余热利用工作，将每条生产线高温段的气体通过主流风机输送到低温保温段，实现余热利用，减少能源消耗，每条线投入约42万元；产品生产过程中产生的边角余料经破碎后回收使用，减少资源浪费，提高利用效率，破碎及配套系统总投入约150万元。

（四）将废水经过简单三级沉淀和絮凝剂处理后全部回收利用

一名微晶的大气污染物处理设备主要有捕集率95%的集尘罩、除尘效率为99.5%的布袋除尘装置，微晶玻璃生产废水污染物主要为悬浮固体，废水经过简单三级沉淀和絮凝剂处理后全部回收利用。一名微晶生产排出的大气污染物主要为颗粒物，基本无二氧化硫和氮氧化物的排放，符合《大气污染物综合排放标准》（GB16297-1996）二级标准。一名微晶生产过程中产生的固体废弃物主要有破碎工序收集粉尘、沉淀池污泥、产品生产的边角余料、废耐火材料和废包装材料，其中废耐火材料全部由耐火材料更换厂商回收，废包装材料集中收集后外卖，其余全部返回生产线做原料。

二十四、贵州开磷：实现"三废"循环利用

编者按：作为国内建筑材料制造领域的绿色制造企业，贵州开磷一方面采集自然光照明，打造开阔式透明化办公；另一方面，实现废气、废水的循环利用。贵州开磷在照明、降低污染物排放、循环利用等方面的发展经验可为传统建筑材料制造企业绿色发展提供借鉴。

贵州开磷磷石膏综合利用有限公司（简称"贵州开磷"）前身为贵州开磷磷业公司建材厂、贵州开磷建设公司建材厂，位于贵州省贵阳市息烽县小寨坝镇。公司致力于"三废"资源综合利用研发，以项目为载体，将开磷的磷石膏等"三废"资源的综合利用项目进行产业化发展，并已取得初步成效，如以黄磷炉渣为主要原料生产的复合炉渣粉在矿山井下充填中已实现了规模化应用，以磷石膏为主要原料生产的磷石膏路基层材料在息烽永靖大道、开磷磷煤化工大道中已完全取代传统公路稳定层，石膏砌块、蒸压磷渣硅酸盐砖等新型墙材在息烽开磷城的应用都取得了很好的效果。

（一）采集自然光照明，打造开阔式透明化办公

贵州开磷办公大楼和大部分厂房建筑均为大型混凝土钢结构多层钢架结构，屋顶设有隔热层，建筑物内功能间和内墙间隔均大量采用阻燃型彩钢板围闭，主办公楼均采用外墙保温技术，有效降低了建筑物空调能耗，墙体材料采用多孔页岩砖、混凝土空心砌块等绿色环保材料，确保房屋保温，降低能耗，减轻建筑载重量，确保楼体建构稳定安全，主办公大楼墙面和室内办公区、公共区域大量采用落地大外墙和室内玻璃间隔，最大限度减少采用墙体间隔，采集自然光照明，打造开阔式透明化办公，有利于办公区及室内公共区域自然采光，节约照明用电。各厂房屋面设有通风器或天窗保证自然通风，围护结构一般采用热镀锌彩钢瓦并设透明玻璃钢纤维采光带，有效遮阳

的同时保证厂房的自然采光。

大楼及厂房室内公共休息区域装修等全部采用了节水型冲水设备，节水阀门、节水马桶，节约用水，公司专门成立了水务检查小组，从源头上减少清水消耗量和污水排放量，实现资源循环利用，消除浪费，降低成本，提升水利用率。

（二）尾气经过布袋除尘器处理后排放

公司生活污水经化粪池收集后进入市政管网、生产设备冷却水经冷却后循环使用，不外排，各生产车间尾气经布袋除尘器（共16套）处理达标（GB16297-1996）后排放，各种工业固体废弃物都经过充分回收利用，不外排。

（三）制定环境保护相关的考核指标

贵州开磷根据国家有关法律、法规，针对公司实际情况，制定了《环境保护管理制度》体系，含《废气管理制度》《危险废物管理规定》《环保设施管理规定》《检修清理环境污染控制管理规定》《环境应急管理规定》《磷石膏综合利用有限公司环境保护规定》《环保设备运行管理制度》《工业废物管理制度》《环保技术资料管理制度》《环境监测制度》《环境绿化卫生管理规定》《环境保护奖惩办法》《防毒防尘管理制度》《中心控制部环保职责》《环保员岗位责任制》等一系列环保管理制度。同时明确了环保管理、环保监督污染治理等相关人员职责，确定了考核指标和指标实施细则，并制定了环境保护设施的管理考核制度，把环境保护管理列入生产管理议事日程和公司管理、工作标准。

（四）实现废气、废水的循环利用

贵州开磷生产用能源有黄磷尾气、蒸汽、水、电、燃煤等，其中，黄磷尾气取自贵州开磷磷业有限责任公司，作为黄磷炉渣烘干用热源，属废气利用，无计量，蒸汽来源于贵阳开磷化肥有限公司的硫黄制酸余热蒸汽，生产用水部分取自贵阳开磷化肥有限公司污水处理站处理后的工业废水，部分为市政管网供水。

二十五、云内动力：建立"旧砂再生"系统

> **编者按**：作为国内车用发动机制造领域的绿色制造企业，云内动力一方面建立"旧砂再生"系统，极大降低固体废弃物的产量；另一方面，采用热芯改冷芯制芯工艺，极大减少废砂产量。云内动力在关键技术研究、建设污水处理站、设置袋式脉冲除尘器等方面的发展经验可为传统车用发动机制造企业绿色发展提供借鉴。

昆明云内动力股份有限公司（简称"云内动力"）成立于 1999 年，是由云南内燃机厂作为独家发起人，以社会募集方式设立的股份制上市公司，迄今已有近 60 年从事柴油机开发生产的历史。云内动力是中国汽车零部件发动机行业龙头企业，中国内燃机行业"排头兵"企业，国家第二批创新型试点企业及云南省首批创新型企业、高新技术企业，国家发改委认定的"国家级企业技术中心""国家乘用车柴油机高新技术产业化基地骨干企业""国家火炬计划重点高新技术企业""国际科技合作基地"，荣获全国"五一"劳动奖状和"全国先进基层党组织"称号，"云内"商标已被认定为中国驰名商标。截至 2016 年 12 月，云内动力总资产 92.76 亿元，净资产 44.19 亿元。

云内动力主导产品在国内同行业中处于领先地位，具有自主知识产权和国际先进水平的绿色节能环保型 DEV 系列电控高压共轨柴油机，排放达到国Ⅳ、国Ⅴ水平，并先后与国内多家乘用车企业的运动型多用途汽车（SUV）、多用途汽车（MPV）和轿车等车型配套。云内动力生产的 YN 系列非道路电控高压共轨柴油机，排放达到非道路第Ⅲ阶段、第Ⅳ阶段要求，品种齐全、产品配套范围广泛，目前配套产品主要有叉车、拖拉机、装载机、挖掘机、旋耕机和收割机等。同时，云内动力与法国 PPS、科力远等国内外知名企业合作开发了柴油机自动变速箱总成和混合动力总成，形成了强劲的市场竞争

力。云内动力现已成为首家产品跨乘用车、商用车及非道路机械领域的大型柴油机生产企业。

（一）开展电控高压共轨柴油机整机关键技术研究

云内动力通过开展电控高压共轨柴油机整机、燃油系统、电控系统、后处理系统等关键技术研究，对发动机数字化设计与模块化开发、轻量化设计与优化、高效低排放综合性能设计与优化等多项关键技术进行攻关，解决了结构笨重、经济性差、振动噪声大、排放水平差等技术难题，开发出满足国Ⅴ排放的 D19/D20TCIE、D25/D30TCIE、YNF40/D45TCIE、D65TCIE 四个平台四气门 DEV 系列节能环保柴油机并实现产业化，并且具备升级国Ⅵ的潜力，其中 D19TCIE 升功率达到 59.46 千瓦，升扭矩达到 189 扭矩，并通过英国 VCA 认证中心检测认证。DEV 全系列产品通过国家环保部门检测认证，排放水平优于欧Ⅴ和国Ⅴ排放限值，产品整体技术水平达到国内领先/国际先进水平。搭载整车综合油耗比第三阶段轻型车燃料消耗量限值低 15%。

（二）建立"旧砂再生"系统，极大降低固体废弃物的产量

为了进一步降低成本及工业固体废弃物的产生量，云内动力积极在工艺、设备方面进行探究，与重庆长江三峡铸造有限公司签订框架协议，在云内动力工业园区内建立"旧砂再生"系统，对铸造产生的废泥芯及铸造废砂进行重新再生，在不采用旧砂再生系统处理前，铸造产生的废砂只能外排，系统运行后，以 70% 再生率计，每年可节约新硅砂材料成本费用约 50 万元，同时每年减少废砂外排 15000 吨左右。

（三）采用热芯改冷芯制芯工艺，极大减少废砂产量

云内动力在铸工车间采用热芯改冷芯制芯工艺，大大减少了铸造废砂的产生量，每年约减少 48 吨废砂的产生，此外热芯工艺产生的废气量较大，热芯改冷芯工艺后，云内动力设置了三乙胺有机气体净化装置，用磷酸对三乙胺气体进行吸收，不产生废气。

（四）建设污水处理站

云内动力在工业园区建设了污水处理站，目前已投入使用，设计处理能力 600 吨/天，目前每天处理 300 吨左右。处理后的中水通过恒压供水系统及绿化车全部用于厂区绿化，在旱季不外排，雨季少量外排。为了确保前端废

水的物化处理效果，保证废水水质处理达标，云内动力将管理手段及技术手段相结合，每年委托资质单位对处理后的水样进行监测，适时了解水质情况。此外，当废水生产量变化较大时，污水处理站操作人员在进行配药时取进水进行小样试验，确定最佳的投药浓度，以保证物化处理后的出水水质。

（五）在产尘点设置了袋式脉冲除尘器，极大提高颗粒物的去除率

云内动力主要产生的废气有粉尘、烟尘、非甲烷总烃及苯系物。为了保证粉尘、烟尘等废气的达标排放，在产尘点设置了袋式脉冲除尘器，废气通过布袋后粉尘被截留到布袋上，然后通过脉冲将粉尘震落后收集处理，颗粒物的去除率高达98%以上，处理后的废气高空达标排放，排放标准满足《大气污染物综合排放标准》（GB16297-1996）二级标准。为了保证环保设备的有效运行，云内动力定期会对除尘设备进行检查，并填写环保设备点检记录，发现问题及时处理，保证处理后的废气达标排放。

二十六、法士特：水基加工液替代加工油

> **编者按**：作为国内汽车零部件制造领域的绿色制造企业，法士特一方面将连续炉油循环水冷改为风冷，大幅减少水耗；另一方面，使用加工液代替加工油，大幅减少资源消耗。法士特在降低电耗、产品设计、减少水耗等方面的发展经验可为传统汽车零部件制造企业绿色发展提供借鉴。

陕西法士特齿轮有限责任公司（简称"法士特"）始建于 1968 年，是国内外知名的以汽车变速器、液力缓速器、同步器、取力器、减速机、汽车齿轮及其铸、锻件为主导产品的大型专业化生产企业和出口基地，拥有一支近 600 人的专业研发团队，其中，重点大学本科以上占比达到 89%，硕士及以上学历人员占比达到 32%。

法士特已形成了以双中间轴系列变速器为主导、以单中间轴系列变速器为辅助，高、中、低档重型变速器互补发展的新格局，重型变速器产品被国内外 150 多家主机厂的上万种车型选为定点配套产品，市场占有率超过 70%，并在全国拥有 34 家销售服务站和 2000 多家特约维修服务站，在中国汽车服务品牌星级评选中，法士特连年摘得最高奖项"五星级汽车服务品牌"，成为全国齿轮行业唯一上榜企业。

（一）大范围安装 LED 灯，极大降低电耗

法士特办公区域及厂房照明采用高效发光光源及灯具，根据标准适当配置灯具数量，根据不同区域及用途，充分利用自然采光、优化窗墙面积比，采用分区照明。照明功率密度、照度、照度均匀度、炫光限制、光源颜色、反射比以及照明标准值等都参照《建筑照明设计标准》（GB50034-2013）中规定的照明标准值执行。

此外，法士特还加大了绿色照明 LED 灯实施力度，为厂房配置了高效节能灯具，控制辅助生产电力消耗，大幅降低照明电耗成本，仅 2016 年共计安装 1200 余盏 LED 灯，照度大幅提升的同时，共计节约成本约 35.3 万元。生产厂房屋顶设有窗户，白天能够自然采光，厂区道路两侧安装了风光互补的太阳能路灯，可用于夜间照明。

（二）将连续炉油循环水冷改为风冷，大幅减少水耗

2016 年，法士特对热处理车间连续炉冷却方式进行了优化改造，将 5 台 IPSEN 连续炉油循环水冷改为风冷，彻底解决了原有方式水电消耗控制困难、浪费大的问题，大幅减少了水耗量，年度节约水费约 12 万元。法士特加大了电容补偿柜的改造力度，对 5 台电容器进行了改造，将功率因数从 0.75 提高到 0.9 以上，减少了谐波共振，提升了电能质量。公司厂区内道路路灯全部采用风光互补供电模式，降低企业电能消耗，减少温室气体排放量。2016 年，法士特为西安西郊厂区自来水管路加装了电磁流量计，实现了远程监控，解决了自来水管网异常泄漏的情况。

（三）在产品设计过程中，注重产品易拆解和再循环

法士特各产品在设计过程中，均采用产品易拆解和再循环的设计，减少变速器零部件上的涂层或覆膜，总成外露的非加工表面及非配合加工面涂以均匀完整的防护漆，防护漆的要求按照 QC/T484 规定，面漆颜色与底盘颜色一致或按协议约定，加工外露及配合表面涂以防锈油。同时避免使用难分离的材料，便于产品在废弃物过程中的回收、处理和再利用。公司积极推行可利用生产材料二次回收，各工厂设置材料回收点，加大材料的二次回收利用，同时在产品生产过程中，选用磁性过滤装置改善网状过滤器的不足，有效地过滤冷却液中细小微粒，延长冷却液的使用寿命。

（四）使用加工液代替加工油

法士特使用全合成或半合成的水基型加工液替代加工油，一方面是水基型加工液更加的环保，为可再生资源；另一方面，水基型加工液的使用可以降低使用成本。目前企业在滚齿、插齿、剃齿工序加工液的使用比例达 58%，以水代油后切削油液消耗每万元产值下降 21 元。

二十七、金徽矿业：实现采矿废水零排放

> **编者按：** 作为国内矿产资源开发领域的绿色制造企业，金徽矿业一方面实施选矿全流程自动控制系统的应用，另一方面充分实现水资源的循环利用。金徽矿业在厂房建设、水资源循环利用、减少噪声等方面的发展经验可为传统矿产资源开发企业绿色发展提供借鉴。

甘肃金徽矿业有限责任公司（简称"金徽矿业"）于 2011 年 3 月投资创建，注册资本 8 亿元，是一家集铅锌多金属矿产的勘探、开采、加工、销售为一体的矿产资源开发企业。

金徽矿业拥有徽县郭家沟铅锌矿探矿权面积 12.44 平方千米，目前已勘探 9.036 平方千米，探明铅锌矿石储量 7000 余万吨。生产规模为年采选矿石 150 万吨，总投资 21.3 亿元，于 2013 年开始建设，目前已建成试生产。该项目是甘肃省政府列入全省加快矿产资源勘查开发转化的首个重点项目，建设内容包括采矿、选矿、尾矿、安全保障、环境保护、供水供电、绿化旅游和行政服务八大工程。金徽矿业现有员工 431 余人，其中涵盖探矿、采矿、选矿等高级工程师以上 58 人，助理工程师 87 人，各类专业院校毕业生 200 余人。

（一）厂房采用轻钢结构

金徽矿业生产厂房及部分辅助生产用房设计均采用轻钢结构，耐火等级为三级，丙类建筑抗震设防烈度 8 度，乙类建筑如炸药库及变电所在满足抗震设防烈度 8 度要求的同时，按照 9 度设防要求加强抗震措施。生产厂房外围护结构墙体材料 1 米以下选用当地企业生产的 3700 毫米厚烧结多孔砖，外贴 60 毫米厚挤塑聚苯乙烯保温板，1 米以上部分选用 120 毫米厚彩色保温夹

芯板，屋面选用120毫米厚彩色保温夹芯板，外窗选用断热桥铝合金中空玻璃窗（6+12A+6），外门选用钢制保温板夹芯门。

（二）充分实现水资源的循环利用

金徽矿业采矿用水利用矿洞涌水（500立方米/天），经收集沉淀100%循环使用，不外排放采矿废水。选矿用水循环使用，仅有补水未有排水。生产用水返回工艺循环使用，工艺用水达到零排放，既节约了水资源，又杜绝了污水排放，防止了污染。生活产生的废水量为52立方米/天，废水配套建设地埋式污水处理设备，经污水处理设备处理达到《污水综合排放标准》（GB8978-96）中一级排放标准要求后，经高位水池自流入绿化明渠，用于绿化浇灌，不外排放废水。

（三）实施选矿全流程自动控制系统的应用

金徽矿业选矿生产采用全程自动化监测控制的一段"粗碎（井下）+半自磨+顽石破碎+球磨"（SABC）的碎磨流程，该工艺粗碎系统设在地下，半自磨系统取代了中细碎作业，该流程设计具有安全环保节能、处理量大且质量稳定效果好、降低劳动强度和节省人力等优点，达到了国内同类矿山领先水平。

金徽矿业在实施在线品位分析系统应用后，操作人员能够直接通过在线检测系统动态观察到实时生产指标，随时调整药剂制度和操作手法进行生产过程调控，使选矿操作不再单纯地凭经验观察浮选泡沫现象进行操作，而是使操作过程有实时生产指标数据作为支撑，极大地提高了操作过程的准确性，可以及时有效地将目的矿物选别出来，脉石矿物予以抑制，从而保证生产指标稳定。

（四）将矿石的粗碎放在了离主采区较近的井下，降低地面噪声和粉尘污染

金徽矿业选矿生产中的碎磨设备、鼓风机等设备，均设置防振减噪设施，产生的噪声100~120 dB，对操作人员有一定的影响，设计在各车间均设置隔音操作间，进而改善操作人员的工作环境，对生活区影响较小，对周围声环境不会产生影响。在矿石粗碎上，选用了国际比较先进的颚式破碎机，并将矿石的粗碎放在了离主采区较近的井下，避免了地面噪声和粉尘污染。选矿

使用的磨矿设备有球磨机和半自磨机，在设备选型时已经考虑了噪声污染因素，选择的是低噪声设备，同时，在设备安装时，采用了减震和隔音门窗相结合的方法，最大限度控制了噪声强度和传播，厂界噪声能够满足《工业企业厂界环境噪声排放标准》（GB12348-2008）要求，不存在噪声扰民问题。

二十八、东贝电器：突破绿色节能
制冷压缩机新技术

编者按：作为国内家电制造领域的绿色制造企业，东贝电器一方面采用 LED 灯和自然光照相结合的方式照明，极大降低能耗；另一方面，采用分布式光伏发电。东贝电器在绿色园林化改造、照明、分布式光伏发电等方面的发展经验可为传统家电制造企业绿色发展提供借鉴。

黄石东贝电器股份有限公司（简称"东贝电器"）是国家高新技术企业、B 股上市公司，主导产品为无氟节能环保电冰箱用绿色节能制冷压缩机。公司分别在湖北黄石、安徽芜湖、江苏宿迁建有生产基地，拥有国家级企业技术中心和欧洲研发中心、巴西研发中心。

公司还设立博士后工作站、院士工作站，公司研发的产品特别是变频压缩机产品，综合节能性能指标居国际领先水平，引领行业进步和产业升级。公司已获得国家授权专利 185 项，其中发明专利 28 项，发明专利中有 2 项国外专利。公司自主研发的 L 系列环保节能节材型电冰箱压缩机，获得国家科技进步二等奖，是行业至今唯一获此殊荣的企业。

公司产品畅销全球，主要客户为海尔、海信、美菱、美的、澳柯玛、星星、晶弘、西门子、惠而浦、伊莱克斯、松下、三星、维斯特尔、阿其力克等。公司产销量已连续十二年全国第一，已连续六年全球第二，平均每四台冰箱就有一台使用东贝的压缩机。截至 2016 年末，公司已累计生产节能节材压缩机 1.86 亿台，每年节电量 258 亿度，相当于三峡年发电量的 1/4，公司产品创造了显著的经济效益和节能减排社会效益。

（一）对工厂实施绿色园林化改造

公司先后投入 600 余万元对厂区实施绿色园林化改造，绿地植物群落层次错落有致，季相分明，绿草如茵，景观优美；植物枝繁叶茂，枝形优美，春季玉兰、海棠、樱花陆续开放，繁花似锦，芳香四溢；夏季绿树成荫，秋季银杏满树金黄、柑橘柚子硕果累累，桂花满园飘香；冬季香樟、楠木及桂花等不畏严寒，为萧瑟的冬天增添一抹绿。厂内设计有小游园，是工人们工作之余休息、娱乐以及进行文体活动的场所。小游园内栽植了观赏价值较高的园林植物来丰富景点，并配有花架、喷泉等设施，职工在休闲、娱乐的同时，还能欣赏园中的美景。

（二）采用 LED 灯和自然光照相结合的方式照明，极大降低能耗

厂区主要采用 LED 灯和自然光照相结合的方式照明，自然采光使用了间隔亮瓦的方式，间隔亮瓦占比 6%，实现绿色节能环保，且采用了自主设计的自动控制照明节能措施，实现了分时分段自动启动和关停。经反复交流、试验，黄金山园区厂房于 2014~2015 年进行照明改造，选用 45 瓦的 LED 灯替代在用 105 瓦节能日光灯，每盏按日照明 20 小时，日节省电耗 1.76 度；黄金山园区 QC 检验台选用 2×18 瓦的 LED 灯替换原使用日光灯，替换后照度达到了 1019 光通量，提升了 4 倍，达到了标准要求，电流由原来的 0.44 安降到了 0.19 安，即提升了 QC 检验台照明质量，同时也降低了检验照明能耗。

（三）采用分布式光伏发电

工厂的使用主要能源有电、水、天然气，每年制订能源管理计划，实行能源 KPI 绩效管理，绿色节能环保各项技改及项目投入约 3000 多万元。配电系统实行科学管控，先后进行电能功率因数、电需量、电能峰谷平科学精准调节改进，投入监视数控管理平台，科学指导合理饱和生产，实施资源科学调配电能使用等措施，使单位产品电能损耗逐年下降，工厂配电平均功率因素达到 0.9 以上，使工厂每年都得到电力部门奖励；工厂投资兴建了清洁能源电站，对新能源光伏发电站进行科学管理、科学维护，充分利用太阳能，让太阳能电站发挥最大效率，使工厂减少空气污染气体排放和碳排放，同时还大幅降低了企业用能成本。东贝黄金山工业园分布式光伏发电总容量 1.44 兆瓦，分两期投入，一期容量 569.52 千瓦于 2014 年 2 月 15 日正式并网发电，二期容量 875 千瓦于 2014 年 9 月 23 日正式并网发电。2014~2015 年累计发电量 182 万度。

二十九、黄河鑫业：采用铝电解槽超低炉底压降节能新技术

> **编者按：** 作为国内铝冶金领域的绿色制造企业，黄河鑫业一方面采用铝电解槽超低炉底压降节能新技术，另一方面将废水经过一体化净化罐经净化处理后，循环使用。黄河鑫业在采用新技术、利用自然采光、废水循环使用等方面的发展经验可为传统铝冶金企业绿色发展提供借鉴。

黄河鑫业有限公司（简称"黄河鑫业"）成立于 2007 年 9 月 6 日，是黄河水电公司的全资子公司，同时也是国家电力投资集团公司在青海地区发展产业集群、延伸产业链条、推进产业一体化协同发展战略中的重要项目。黄河鑫业占地 2000 亩，位于西宁国家级经济技术开发区甘河工业园区内，目前具备年产 57.6 万吨电解铝、30 万吨碳素产能，工程建设总投资 74.93 亿元。黄河鑫业自 2008 年 3 月开工建设，2009～2010 年各主要工序陆续建成投产。

黄河鑫业按照精简高效的原则，采用两级管理体制，共设 10 个职能部门，8 个生产分厂、2 个职能中心，符合扁平化的现代企业管理发展模式。目前员工总人数 2613 人。黄河鑫业主要产品为 Al 99.85 及 Al 99.70 重熔铝锭，采用冰晶石—氧化铝融盐电解法生产，使用的主要原料为氧化铝，辅助原材料为冰晶石、氟化铝、氟化钙及碳阳极，原料中未使用限用的有害物质。

（一）采用铝电解槽超低炉底压降节能新技术

黄河鑫业通过研究磷生铁浇铸石墨质阴极等技术措施，对阴极钢棒的重新设计与开发，以实现铝电解槽炉底压降和能耗的大幅度降低，与传统阴极电解槽相比，实现炉底压降降低 100～110 光伏。同时，开发出与超低炉底压

降相配套的铝电解槽内衬结构设计，避免超低炉底压降带来的凝固等温线上移等问题，为铝电解槽大幅度节能降耗提供技术支撑。推广应用电解槽天然气焙烧启动技术，降低电解槽启动能耗。2016 年投资 440 万元，增加向电解输送天然气管路和燃烧系统的购置。

（二）电解净化采用布袋干法除尘工艺

黄河鑫业现有环保设施有电解净化设施、焙烧净化设施、煅烧脱硫设施等 12 套。电解净化采用布袋干法除尘工艺，焙烧净化采用电捕、干法二级净化，煅烧采用 2 套脱硫净化，另外在氧化铝仓库、成型系统、焙烧系统、组装系统安装收尘系统。此外，厂区建有 6 套循环水系统，一座日处理能力 1200 吨的污水处理站。碳素焙烧净化、煅烧系统以及污水处理站安装了 9 套污染源在线监测装置并与环保部门联网，所有配套的环保设施运行正常。

（三）充分利用自然采光

厂房办公室的灯开关一般设为二联或三联开关，分别控制室内的多盏荧光灯，办公楼内走廊一般采用双路电源，夜间可切断一路电源，减少一半光源。厂区采用调光器、定时开关、节电开关等控制，走道、建筑内楼梯可采用光电控制的自动装置。厂区道路推广使用高强度放电灯，一般馈线为三相四线，干线为单相供电，达到并符合节能要求。总体采用分区控制灯光或自动控光、调光等控制方式，充分利用自然采光。

（四）将废水经过一体化净化罐净化处理后，循环使用

黄河鑫业建有日处理能力 1200 吨的污水处理站，收集的所有工业废水全部经格栅池沉淀后，进入一体化净化罐净化处理，回用生产系统，废水循环使用不外排。黄河鑫业危险废弃物有铝灰、大修渣、碳渣，废矿物油、废焦油，厂区建有废矿物油库，废焦油库，大修渣库、铝灰库等危险废弃物暂存库，全部危险废弃物委托有资质的单位处置。阳极焙烧车间共有 4 套干法净化和电捕焦油器，除尘器 12 套，排烟风机 8 台，实现在线监测联网，污染物浓度监督性监测均达标。

三十、江河幕墙：率先推出绿色呼吸式幕墙产品

> **编者按：** 作为国内幕墙制造领域的绿色制造企业，江河幕墙一方面研发多项绿色呼吸式幕墙产品，率先在行业内引入植物遮阳概念；另一方面，自主研发U80及S60标准化系统，使产品结构得到充分优化。江河幕墙在产品研发、数据库整合、招采管理等方面的发展经验可为传统幕墙制造企业绿色发展提供借鉴。

北京江河幕墙系统工程有限公司（简称"江河幕墙"）是全球高端幕墙品牌，江河幕墙成立于2013年5月，注册资金10亿元，是集产品研发、工程设计、精密制造、安装施工、咨询服务、成品出口于一体的幕墙系统整体解决方案提供商，是全球幕墙行业领导者，在北京、上海、广州、成都、武汉等地建有一流的研发设计中心和生产基地，业务遍布全球20多个国家和地区。其研发设计中心和生产基地集总部办公、研发、设计、制造、运营、国际业务后援及企业培训为一体，是目前全球最大的幕墙生产加工基地之一，配备16条全球领先的幕墙产品生产线，年生产能力达300万平方米。

近年来，江河幕墙在全球各地承建了数百项难度大、规模大、影响大的地标建筑，荣获了包括中国建设工程鲁班奖在内的国内外顶级荣誉逾百项。其中，承建200米以上摩天大楼逾百项，包括世界第一高楼沙特王国塔（1007米）、中国第一高楼武汉绿地中心（636米）、北京第一高楼中国尊（528米）以及天津周大福金融中心、上海中心大厦、广州东塔、深圳华润国际商业中心、迪拜无限塔、阿布扎比天空塔等地标建筑；承建大型文化、金融、商业综合体逾千项，包括中央电视台新址、上海世博文化中心、澳门梦幻城、新加坡金沙娱乐城、阿布扎比金融中心、卡塔尔巴瓦金融中心等地标建筑；承建大型交通枢纽逾40项，包括中国四大直辖市的五大机场，北京、上海、广州三地的枢纽火车站，阿布扎比国际机场等地标建筑。

（一）研发多项绿色呼吸式幕墙产品，率先在行业内引入植物遮阳概念

江河幕墙借助自主研发的高新技术优势，突破现有幕墙行业的技术难关，解决现代化建筑与生态环境的矛盾。近两年，研发出新型植物遮阳内呼吸双层玻璃幕墙，新型植物遮阳外呼吸双层玻璃幕墙等多项绿色呼吸式幕墙产品，率先在行业内引入植物遮阳概念，颠覆传统的百叶遮阳设计理念，实现大自然与现代化建筑的完美结合。

（二）搭建 SRM 招采管理平台，实现对原材料供应商的集中管理

江河幕墙将技术研发需求与信息化建设现状结合，提升产品生命周期管理能力，利用信息化平台完成产品全生命周期管理，在产品全生命周期管理过程中实现生态设计理念的融合，搭建 SRM 招采管理平台，实现对原材料供应商的集中管理。对产品生命周期管理系统 PLM 系统进行深度开发，实现 PLM 系统与 SRM 系统全面集成应用。同时，江河幕墙持续优化 BIM 设计系统，3D 建模系统将所有模块化设计方案进行集成，体现整体建筑模式，集中实现 PLM、ERP、EP 等系统数据的整合，模拟计算幕墙产品全生命周期的各阶段情况及预估指标数据，实现测试产品功能及设计方案的生态设计理念。

（三）利用 ERP 和 PLM 平台对包含产品信息的数据库进行有效整合

随着绿色节能需求的加大，江河幕墙开发出一系列新型绿色节能产品，如光伏幕墙、智能呼吸式幕墙、节能型门窗、节能型采光顶、点式及索网支撑结构玻璃幕墙、陶棍幕墙等。同时借助 ERP 和 PLM 两个平台的集成应用，将包含产品信息的数据库进行有效的集成整合，每个节点都有对应相关的负责组进行管控，以此提高设计研发效率，减少研发消耗，节约成本。此外，在产品服务方面，加入设计咨询、技术支持、功能改造等综合性服务内容。

（四）自主研发 U80 及 S60 标准化系统，使产品结构得到充分优化

江河幕墙采用原材料均经过严格筛选，统一启用耐持久、可回收材料，并且自主研发出了 U80 及 S60 标准化系统，使产品结构得到充分优化，在原有旧式结构指标下，增加气密、水密值 15%，可变形性增加 23%，使用强度增加 16%，单元体每平方米功能产能增长 7%。并且简便运输过程，减少后期施工人力、物力的消耗，由于系统的统一性与标准化，使产品具有组合性丰富、单元体维修及更换简便、整体组合可靠性牢固等诸多特点。

三十一、老板电器：打造绿色厨房生态系统

> **编者按**：在消费升级、产业结构调整的大背景下，"智能、绿色、品质、材料"成为家电行业技术的新主题，通过"绿色技术进步、绿色转型升级和绿色制造为全球生态安全贡献重要力量"成为全体家电企业的共同目标。老板电器在产品设计时严格执行《产品生态设计通则》（GB/T 24256-2009）标准，以"3R"为原则，在产品设计开发阶段充分考虑原材料选用、生产、销售、使用、回收、处理等各个环节对资源环境造成的影响，力求产品在全生命周期中最大限度降低资源消耗、尽可能少用或不用含有有害物质的原材料，减少污染物产生和排放，使老板电器的产品成为真正的生态型绿色产品。

杭州老板电器股份有限公司（简称"老板电器"）地处长江经济带，主导产品为节能型高端吸油烟机和灶具，2019年市场份额占全国的25.22%，占全球的6.4%，连续三年全球销量第一，在全行业中处于领先位置。老板电器十分重视绿色技术研发，设置专门的绿色产品设计技术中心，年均研发投入约2.75亿元。拥有绿色设计相关技术或产品授权专利689项，其中发明专利28项，实用新型专利465项，外观专利196项。累计参与33项绿色设计相关国家、行业标准的制、修订工作，其中国家标准14项，行业标准12项，团体和浙江制造标准7项。

在快速发展的同时，老板电器将推行绿色设计、开发绿色产品纳入企业发展战略与规划。建立了涵盖原辅材料基础信息库、原辅材料环境影响信息库、工艺基础信息库、工艺环境影响信息库、核心装备信息库等绿色化改造支撑数据库，在此基础上利用生命周期评价方法和工具，提出产品绿色设计与绿色制造的改进方案，并通过PLM平台进行改进设计加工。取得国家认可

实验室资质，实验室拥有 120 余台套专业检测计量设备，具有检验验证、计量测试、规模化生产等绿色设计应用转化能力。

（一）推行厨房家电产品绿色设计，减少污染物排放，提高能源利用率

厨房家电产品的绿色设计主要包括产品的设计、原材料和零部件选择、产品制造、使用、报废、废旧产品的回收、拆解和资源化利用等。推行工作从以下几方面开展：

（1）减量化设计。减量化设计使厨房家用电器产品的尺寸越来越小，减少生产过程的能源、水和化学品的使用量，也可以减少污染物的排放，同时提升产品的使用能效水平。

（2）选择绿色和可资源化的原材料。可采取的技术措施包括不采用含有有毒有害物质的原辅料和零部件等，如不含有溴化阻燃剂的塑料、减少使用塑料的种类、不使用含铅焊料等。同时，选择可资源化利用的原材料，如铁、铜、铝、热塑塑料等。生产冰箱和空调产品时，尽量选择环保制冷剂和发泡剂。

（3）易回收和拆解设计。便于回收的措施有：对可回收材料进行标志；在设计时考虑产品及其零部件的回收方式；设计易回收的结构；关注产品回收的评价等。便于拆解的具体措施包括：在由不相容的材料组成的子装配体之间采用易拆解的连接件；设计易拆解的连接部件，如易于分离的搭扣；使用无须专业工具拆解的连接结构；保护连接结构不受磨损或腐蚀等。

（4）节能设计。节能设计要求合理地设计产品结构、功能和制造工艺，采用新技术、新材料、新工艺使产品在制造过程和使用中能耗最小、能量损失最小。要注意根据不同产品的使用特点开展节能设计，如电子信息类产品要尽量减少待机功耗，空调、冰箱和洗衣机等家电产品要采用高效压缩机和电机等。

（5）其他设计。包括模块化设计、人化设计、绿色包装设计等。

（二）创新升级单一绿色产品，提供绿色解决方案，打造绿色厨房生态系统

1. 持续创新升级单一绿色产品——研发家庭厨房吸油烟机

中国吸油烟机市场开始于 20 世纪 80 年代末，目前在高端品牌市场形成了老板、方太和帅康三家品牌寡头垄断的市场格局。老板电器1979年成立之初与上海无线电厂合作,为其贴牌生产吸油烟机产品,1987年开始自主研发我国第一代家庭厨房吸油烟机。老板电器吸油烟机注重节能环保,在提高产品性能的同时降低能耗,在行业内率先实现产品能效一级,产品节电达到国际先进水平。自1998年以来,"老板"牌油烟机连续21年全国销量第一,2015~2019年连续五年成为全球吸油烟机销量第一品牌。

2. 提供绿色解决方案——开发绿色智能中央油烟净化系统

除了关注家庭油烟机购买客户外,对政府和潜在房地产商客户的关注,促使老板电器研发提供绿色解决方案——开发绿色智能中央油烟净化系统。针对居民住宅区油烟闭塞排放不畅、公共烟道拥堵等问题,老板电器2016年全球首创绿色智能CCS中央吸油烟机。利用CCS中央油烟净化系统,把公共烟道中的油烟集中净化处理,降低小区排放在大气中的污染物,优化空气质量,同时通过智能化控制系统对油烟排放进行合理分配,优化小区住户油烟机的排放效率,为房地产商提供了一整套绿色生态小区的解决方案。CCS中央油烟净化系统不仅能彻底解决厨房回烟串味问题,而且对于油烟中PM2.5的净化率达93%以上,使公共烟道的油烟拉动力提升40%,对油烟进行高效净化,减少油烟对大气造成的污染。鉴于对绿色环保做出的贡献,老板电器2016年获建筑房地产行业——中国年度商业创新机构ECI Awards(艾奇奖),并在2017年获得住建部标准化协会颁发的"绿色建筑节能推荐产品证书"。

3. 打造绿色产品生态系统——开发绿色厨房生态系统

老板电器把厨房重新理解为绿色厨房生态循环系统,2016年提出"绿色厨房革命",宣传健康绿色的生活方式。老板电器2016年开始研发了多款以环保、绿色生活为主的厨房产品,包括厨房空气净化油烟机、热效率达到70%的3D速火灶、过滤精度达到0.0001微米的双核反渗透系统净水器、能节水75%的节水洗碗机等。老板电器联合发起"百度回收站"计划,启动艺术绿色公益项目"the Lake 湖",启动"瓶行宇宙"社会创新设计大赛,帮助社会各界的设计者利用废旧物品设计有创意的厨房用品,普及资源循环利用设计理念,弘扬老板电器绿色厨房生态循环的理念,倡导厨房的绿色低碳和环保。

三十二、天津中铁：再制造与绿色设计完美融合

> **编者按**：再制造产业是将原材料生产加工成为产品的一种生产活动的统称，是在原有产业的基础上，将废旧产品利用技术手段进行修复和改造的一种产业。它是以产品全寿命周期理论为指导，以实现废旧产品性能提升为目标的一种产业。中铁工程装备集团（天津）有限公司对老式、废旧的盾构机进行再制造，同时，在再制造过程中，对其按实际使用需要，进行机、电、液等系统的迭代升级，使其在工况稳定性、环境适应性、操作自动化、运行精度等方面大幅提升，性能达到或超过原型新机，使其能够再次投入使用，重获新生。

中铁工程装备集团（天津）有限公司（简称"天津中铁"）为中铁工程装备集团有限公司（简称"中铁装备"）旗下全资子公司，于2016年1月6日在天津滨海新区东疆保税港区注册成立，投资4.1亿元，占地约150亩，由于经营需要，2019年12月31日更名为"中铁工程装备集团（天津）有限公司"。天津中铁的主要产品为盾构机和再制造盾构机，主要从事各品牌盾构机的再制造，包括刀盘、盾体、主驱动、拼装机、螺机等系统关键部件和主驱动、螺旋输送机等关键件的再制造。

天津中铁通过对盾构系统关键部件再制造技术进行研究，促进盾构再制造性能升级，编制再制造流程及相关标准，攻克盾构再制造关键技术难题，实现我国盾构产业在智能绿色制造技术方面的重大突破。截至2019年12月，天津中铁共申请专利45项，其中已授权实用新型专利22项，已授权软著12项，参与制定标准11项等。

天津中铁自2019年1月新厂房投入使用以来，实施企业绿色供应链管理

战略，完善管理制度，明确部门职责，围绕采购、设计、生产、销售、物流、使用、回收处理等重点环节，形成典型行业绿色供应链管理模式和实施路径，打造高端智能盾构再制造示范基地。

（一）再制造有效减少有害物质使用和环境影响

天津中铁主要产品原材料为钢材，辅料为液压油、润滑油、齿轮油等油品和 HBW 油脂，另外购多种电机等电器件组装使用，不含有毒有害和易燃易爆物质。天津中铁符合国际国内的各项法规及客户的要求，在产品中不使用限制性物质。

在车间组装调试后，对于机械上使用的油脂类物质（包括液压油、润滑油、齿轮油等油品）进行回收循环利用，符合使用可回收利用材料的情况。天津中铁在生产过程中使用辅料 HBW 油脂进行主驱动密封，此类油品对环境无污染，不涉及铅、汞、镉、六价铬、多溴联苯（PBB）以及多溴二苯醚（PBDE）等有害物质的使用，减少产品全生命周期造成的污染。

天津中铁对老式、废旧的盾构机进行再制造，再制造机相比新机，在性能上接近，节约了大量钢材、缆线等材料，间接节约了因材料生产加工所需的能源资源，杜绝了材料加工过程中产生的污水、VOC、废润滑剂、固体废弃物等环境有害物质，实现有害物质替代。同时，天津中铁将盾构机再制造过程中无法维修再利用的废气零部件材料进行统一整理回收，销售给专业的废弃资源回收再生公司进行进一步再生利用。

（二）对整机和关键部件再制造进行绿色生态设计

1. 整机绿色生态设计

在再制造项目中，由于隧道的工程地质条件、水文地质条件、施工需求等存在差异，每个隧道使用的盾构机几乎都需要进行针对性的循环再升华设计及绿色再制造，通过生命周期评价，主要分为以下三种情况：

严重损坏的盾构机：这类盾构机大部分是由于项目结束后机器长期存放或者保护不当而导致的严重损坏。对于这类机器，首先进行回收拆解，将可以回收利用的零部件清洗干净。对这部分零部件做性能检测以及寿命评估，对检测合格的零部件进行防护处理或再制造。其次再制造后进行再一次可靠性检测，检测合格的零部件收入零件库中，用所有的合格的零部件装配成一台完整的机器。最后对整机的可靠性进行检测，合格后方可投入使用。此做法可以最大限度地对可使用的零部件进行回收利用，减少新材料的投入，达到节能减排、绿色环保的目的。

部分损坏的盾构机：在现有的不能继续使用的盾构机中，数量最多的是部分零部件损坏的盾构机。针对这类机器，采用可行的修复再制造技术恢复其性能。如尺寸和重量较大、以磨损失效为主的机械零部件，根据其失效特点、工况对零件性能的要求，采用相应的再制造成形加工技术进行尺寸恢复和性能提升。对于附加值较低、再制造难度大、修复过程中易形成二次污染的零部件，采用换件方式。对于附加值低、再制造或性能恢复难度小的外围零部件，如电机、减速机等零件，采用委托外协加工或合作开展再制造的模式。对于附加值高、再制造难度大的核心零部件，结合自身新品制造优势，通过技术攻关，开发绿色再制造新技术，形成具有自主知识产权的核心技术和产品，提高企业竞争力。替换不能再使用的零部件，对可以修复的零部件进行修复，最后使该盾构机达到要求的性能，从而继续投入使用中去。

轻微损坏或无损坏的盾构机：有些盾构机有轻微损坏或者没有损坏一直在使用，甚至刚刚结束了上一个项目，再投入下一个项目时，由于工程地质条件、水文地质条件、施工需求等发生了改变，此时就需要对相关部件进行升级改造。开展全流程、全工序绿色化改造，既解决关键工艺流程或工序环节绿色化程度不高问题，又实现系统化、集成化绿色升级。

2. 关键部件绿色生态设计

盾构机核心部件——进口主轴承的再制造需与专业轴承厂家对接，进行现代化工艺修复，重新对滚道进行研磨及渗碳淬火，进行旋转参数的精确测量，游隙的重新配合，从而达到进口轴承的质量和要求，同时提升国产轴承的工艺基础水平。盾构机液驱更改为变频电驱的绿色化改造，节约了能耗，提高了能源利用率，减少了污染及噪声，达到节能环保的要求。

对于回收的零部件，首先需要进行无损探伤检测，以确定该零部件是否具有升级改造的可能。目前，一共有五种检测方法：射线、磁粉、渗透、涡流和超声波。盾构再制造公司采用最后一种超声波检测方法，与其他四种方法相比，该方法探测范围大、灵敏度高、效率高、操作简单、适用广泛、费用低廉、绿色无污染，高度符合该项目绿色再制造的目标。

再制造盾构机还包含刀盘再制造、主驱动再制造、管片拼装机再制造、螺旋输送机再制造、后配套设备再制造、双梁系统再制造、皮带输送机再制造、液压系统再制造和电气系统再制造等。

绿色设计产品篇

　　绿色设计产品是以绿色制造实现供给侧结构性改革的最终体现，侧重于产品全生命周期的绿色化。为加快推动绿色制造体系建设，打造一批绿色设计产品先进典型，促进典型经验和发展模式交流，本篇综合考虑地区、行业、发展模式的差异，共选取 36 种国家级绿色设计产品，总结这些产品在绿色设计过程中的有效做法和实施成效，以期为更多的产品实现绿色设计提供借鉴。

三十三、威王清洁剂：极大提高产品生物降解率

编者按：作为家用洗涤剂的威王十效全能厨房清洁剂、威王油烟机重油污净、威王植物厨房清洁剂，一方面在配方中使用独特的抗二次污染技术，达到了抗二次污染和易再清洁效果；另一方面，将生产过程中产生的头尾料分析后返工，实现"零排放"。这三种产品的磷酸盐含量均为 0.1%，造成水体富营养化影响当量分别为 2.70E-05 kg NO_3^- eq、0.0000239kg NO_3^- eq、3.11E-05kg NO_3^- eq。超威在家用洗涤剂方面的发展经验可为传统家用洗涤剂生产企业绿色发展提供借鉴。

广州超威生物科技有限公司（简称"超威"）一直致力于家居生活创新的研发和探索，为消费者提供"一站式"生活解决方式。公司以"千人千面、多品牌、多品类事业部群履带式发展"的经营战略，营销网络星罗棋布，线上、线下全渠道营销，线上电商渠道业务每年倍速增长，公司产品远销海外市场，经营范围涵盖家居消杀、家居清洁、家居护理工具、空气清新领域、汽车护理、宠物护理等，主要品牌有"威王""西兰""家居""邦尼""卡铂威""倔强的尾巴"等。根据 AC 尼尔森数据统计，超威科技家用杀虫驱虫品类持续多年市场份额行业排名第一，家居护理品类、空气护理品类行业市场份额排名第二。

威王十效全能厨房清洁剂、威王油烟机重油污净、威王植物厨房清洁剂是由超威生产的绿色设计产品。威王十效全能厨房清洁剂配方含速效渗透成分，采用荷花洁净技术，在清除污垢的同时有效抵抗再污染。解决厨房清洁几大难题，主要包括深层溶解油污祛重垢；方便使用、免拆洗；一喷一抹，

免过水洗；除菌，在实验条件下，对大肠杆菌、金黄色葡萄球菌杀灭率高达99.9%；一瓶两用，喷雾使用或稀释浸泡；抵抗再污染，便于二次清洁；去味留香；不易伤洁具；气味不刺激。

威王油烟机重油污净适用于厨房油烟机、排风扇、燃气灶、瓷砖、不锈钢、地面以及洗碗池、操作台、微波炉、橱柜等多种表面。产品特有的去重油污配方，能快速清除家居多种表面的重油污，无须拆洗；在实验条件下，对厨房常见的金黄色葡萄球菌、大肠杆菌等致病菌杀灭率高达99.9%；采用"荷花洁净技术"，实现快干和易再清洁，使器具表面光亮如新；清新的柠檬香味有限抑制各种异味。

威王植物厨房清洁剂适用于厨房抽油烟机、排气扇、燃气灶、洗碗池、操作台、微波炉、橱柜等多种瓷砖、不锈钢表面。配方主要采用植物基洁净成分，环保健康。产品清洁更除菌，能够快速溶解油污，对常见大肠杆菌、金黄色葡萄球菌杀菌率高达99.9%；配方体系温和，不伤表面，对不锈钢、瓷砖表面无损伤。配方中添加植物清香，产品使用时气味清新、温和、不刺鼻。

（一）使用表面活性剂，极大提高生物降解率

威王十效全能厨房清洁剂、威王油烟机重油污净的配方由碱、表面活性剂、溶剂、助剂复配组成。其中碱采用较温和的单乙醇胺有机弱碱，配方与相同添加量的无机碱对比，对金属铝具有更低的腐蚀量。配方中所使用的表面活性剂，具有高效润湿、乳化效果，快速润湿污垢表面和乳化污垢，并且其生物降解率均大于90%。配方中使用的溶剂为高渗透性溶剂，能够迅速渗透污垢内部，瓦解污垢。威王植物厨房清洁剂配方由酸、表面活性剂、助剂复配组成。其中配方体系酸采用的盐酸，在常见无机酸如硫酸、盐酸、硝酸、磷酸中，盐酸为非氧化性酸，使用相对安全，能有效瓦解卫生间马桶水垢，不会像硫酸那样形成二次沉淀，也不会像磷酸那样含有造成富水营养化的磷元素。

配方中所用的表面活性剂和溶剂均符合HJ 458-2009《环境标志产品技术要求 家用洗涤剂》要求。配方的杀菌技术高效、安全，对有害致病菌杀灭率高达99.9%。配方中使用独特的抗二次污染技术，产品使用后，具有抗二

次污染和易再清洁效果。

（二）采用冷配制工艺条件，减少额外能耗

以上三种产品在生产工艺方面采用冷配制工艺条件，无须加热、冷却等额外能耗。在生产过程中产生的头尾物料不直接排放，而是将其用吨桶盛放，并对头尾料进行成分分析，将符合技术指标的头尾物料进行返工处理，对不合格的物料进行无害化处理后排放。根据目前生产运行情况，基本上能够将在生产过程中产生的头尾料进行返工，实现"零排放"。

三十四、立白洗衣皂：主要原料采用天然油脂

编者按：作为家用洗涤剂的立白强效去渍洗衣皂，一方面采用天然油脂作为主要原料，确保原料安全，减少环境污染；另一方面，采用先进的高温高压油脂水解生产线，实现热能循环利用。该产品的磷酸盐含量小于 0.1%，造成水体富营养化影响当量为 0.000302kg NO_3^- eq。立白在家用洗涤剂产品方面的发展经验可为传统家用洗涤剂生产企业绿色发展提供借鉴。

广州立白企业集团有限公司（简称"立白"）是国内日化龙头企业，创建于 1994 年，总部位于广州市荔湾区陆居路 2 号，产品范围涵盖"织物洗护、餐具洗涤、消杀、家居清洁、空气清新、口腔护理、身体清洁、头发护理、肌肤护理及化妆品"九大类几百个品种，营销网络星罗棋布，遍布全国各省（区）、直辖市。

目前，立白在全国各地拥有 13 个生产基地、30 多家分公司、员工 1 万多人。全国各大生产基地生产设备先进，生产管理规范，环境保护严格，能有效控制"三废"排放，实施清洁生产、环保生产、节约生产和循环生产，是干净整洁、绿树成荫、无粉尘、无噪声、水资源循环利用的环境友好型工厂。立白被国家原环保部授予"中国环境标志企业优秀奖"，广州番禺生产基地污水处理站经有关部门严格评估成为"广东省环境保护示范工程"。

立白强效去渍洗衣皂是由广州立白企业集团有限公司生产的绿色设计产品。立白强效去渍洗衣皂的主要原料源自天然油脂，并经油脂水解中和制得，添加天然椰油精华，绿色环保，温和不刺激，耐用不伤手，易漂易清；强效

去渍，泡沫丰富；性质温和，不伤皮肤，不损衣物；衣物洗涤后亮丽如新；适用于棉麻化纤及混纺、丝、羊毛织物等各种质料衣物，尤其适用于洗涤贴身衣裤和衣领，袖口上面的污垢等；香味清新，添加独特香精，香气清新怡人、细腻持久出众，赋予洗涤愉悦感。

（一）由天然油脂水解得脂肪酸中和而成，减少了废弃油脂的处理带来环境保护的问题

肥皂主要是由天然油脂（棕榈油、椰子油、棕榈仁油、动物油等各种油脂）水解得脂肪酸中和而成。油脂也是人类生存不可缺少的食物来源，油脂在经加工提取可供人们食用的部分后，废弃油脂的处理存在一定的环境保护问题；肥皂除了利用部分可食用油脂，也以天然的动植物废弃油脂（非食用部分）作为制皂的油脂来源，如各类屠宰场的废弃油脂，这样既减少了污染和浪费，又提供了长期稳定的油脂来源；而植物油脂是从椰子果和棕榈果中提取的不能食用部分，属于可再生的油脂。所以，立白皂类产品主要原料——油脂既不会与人争食（利用油脂价格提取后不可食用的部分），还可以确保原料安全，符合国家绿色环保要求和可持续发展政策支持。立白皂类产品95%以上成分是由皂粒提供，绿色环保，不含磷。

立白强效去渍洗衣皂产品主要原料——皂粒，主要由牛羊油、棕榈油、椰子油或棕榈仁油按不同比例混合脂肪酸中和而成，能够高效去污，产品中添加一定量螯合剂，可以稳定产品质量；香精的添加使消费者在产品使用过程中有愉悦的感受。

（二）采用先进的高温高压油脂水解生产线，实现热能循环利用

立白摒弃能耗高且产品质量差的大锅煮皂生产工艺，拥有先进的高温高压油脂水解生产线，该生产工艺是目前世界主流生产工艺。热能循环充分利用，能耗较低，水解率可达99%，脂肪酸利用率也能达到98%以上，且产品质量稳定。

三十五、洁宇浓缩颗粒：高效浓缩且节水减污

编者按：作为家用洗涤剂的浓缩型洗衣氧颗粒，一方面以天然的可再生的非离子表面活性剂脂肪醇聚氧乙烯醚为主要活性物，体积小且去污力强；另一方面，采用碳酸氢钠作缓冲剂，极大减小对皮肤的刺激。该产品的磷酸盐含量为0.3%，磷含量为0.4%。洁宇日化在家用洗涤剂产品方面的发展经验可为传统家用洗涤剂生产企业绿色发展提供借鉴。

湖南洁宇日化新技术股份有限公司（简称"洁宇日化"）是国内专业从事活性氧研发、生产的企业，拥有自己的研发、管理团队。公司尽量选用无毒、环保、天然的原材料，从源头减少污染物的产生和排放，提高原材料利用率，最大限度降低资源消耗，以减轻环境资源压力，公司是株洲市环境友好型、资源节约型的"两型"企业示范单位。

洁宇日化技术团队从2001年开始关注、研发、提倡生态洗涤产品，关注绿色环保洗涤产品与环境可持续发展的和谐共处，关注洗涤产品的本质安全、高效多能，创造可持续居家环境。洁宇日化推出了一系列达到国际先进水平的超浓缩生态洗涤剂，主要以植物基非离子表面活性剂为主活性物，结合先进的活性氧技术和生物酶技术，对洗涤剂进行增效化和浓缩化的研究。经中国日化研究院测试，公司生产的浓缩洗衣氧颗粒的使用量只需0.5克/升，其洗涤性能超越日本超浓缩洗衣粉，并且达到欧盟生态标准，产品的生产过程无工艺废水排放，使用浓缩型洗衣产品后，废水COD排放量同传统普通型洗涤剂相比减少近50%。

浓缩型洗衣氧颗粒是由洁宇日化生产的绿色设计产品。产品浓缩高效，

去污力强，效率高，使用量为普通洗衣粉的 $1/3 \sim 1/2$；去污更全面，可有效去除茶、咖啡、红酒、果汁等植物色渍，且抑菌去异味；泡沫少；易于漂洗干净；洗涤后白度保持好，灰分沉积少，而且柔软、平滑，手感好。

（一）以天然的可再生的非离子表面活性剂脂肪醇聚氧乙烯醚为主要活性物，体积小且去污力强

浓缩型洗衣氧颗粒及生产工艺技术使洗衣粉制造领域发生重大革新。当今中国 96% 的洗衣粉是高塔造粒的普通洗衣粉，以 4A 沸石加高聚物作抗沉淀剂，填充剂硫酸钠含量高达 50%，堆密度 $0.3 \sim 0.4$，去污力低。产品采用全新的工艺技术和配方后，以天然的可再生的非离子表面活性剂脂肪醇聚氧乙烯醚为主要活性物，组合降解性能好的生物酶和活性氧，以碳酸盐-碳酸氢盐及抗再沉积剂构成全新的抗沉淀体系，不添加 4A 沸石和高聚物，不加填充剂芒硝，堆密度为 0.7，体积小，去污力强；产品易溶于水，无沉淀，易漂洗，织物洗后白度保持好，柔软光滑；灰分沉积低于有磷洗衣粉，远低于无磷粉（20 次循环洗涤灰分比值有磷粉标准为 2.0，无磷粉为 3.0，本产品为 0.5），还可以大大减少洗涤废水中的悬浮物。

（二）采用碳酸氢钠作缓冲剂，极大减小对皮肤的刺激

与普通洗衣粉相比，而用量仅为一半，使用产品洗涤可减少 COD 排放量 50% 以上。产品由于采用碳酸氢钠作缓冲剂，pH 为 $10.4 \sim 10.5$，碱性低于普通洗衣粉的 $10.7 \sim 10.8$，对皮肤刺激小。产品质量不仅可以达到国家现行浓缩粉标准，而且可达到日本浓缩粉和欧洲生态洗涤剂的标准。与日本花王洁霸超浓缩洗衣粉相比，本产品在较软水条件下与其去污能力相当，在硬水条件下本品更优。日本国水软，中国从南到北水质硬度变化大，本产品更适合我国居民使用。但本产品中仍含 15% 左右的 4A 沸石，15% 的填充剂芒硝，是其局限。与欧洲标准重垢洗衣粉相比，由于其含有 36% 的 4A 沸石和 9% 的填充剂芒硝等无直接洗涤功能的成分，2016 年 9 月在诺维信公司全部按欧洲标准的一次测试中，40 克本产品的洗涤效果与 75.6 克欧洲重垢粉配方相当。由于洗衣液不加碱剂，加酶难以稳定保存，要加入更多的表面活性剂，从而 COD 排放增加，而且洗衣液必须加防腐剂，对水生生物造成更大危害。本产品对水生生物无影响的临界稀释体积为 27 立方米，而洗衣液高达 980 立方米。经过十多年的不断开发完善，本产品的生产工艺成熟，技术先进可靠，可大规模、低成本地生产，现已形成 20 万吨/年的生产规模。浓缩型洗衣氧颗粒可从源头减排生活污染。若普通洗衣粉全部被代替为本产品，每年可减少化学品排放 230 万吨，COD 排放 90 万吨，污泥200 万吨（含水率 80%）；另外，可减少塑料包装的使用，减少运输量，减少仓储空间，从而减少整个生产运输过程的碳排放。

三十六、立白天然皂液：引进新型污垢分散剂

编者按：作为家用洗涤剂的立白天然皂液（橄榄油精华），一方面引进欧美进口原料污垢分散剂，达到高效去油污的目的；另一方面，采用植物油皂基，达到节水省电的效果。该产品的磷酸盐含量小于0.1%，造成水体富营养化影响当量为 0.00305 kg NO_3^- eq。立白在家用洗涤剂产品方面的发展经验可为传统家用洗涤剂生产企业绿色发展提供借鉴。

广州立白企业集团有限公司（简称"立白"）是国内日化龙头企业，创建于 1994 年，总部位于广州市荔湾区陆居路 2 号，产品范围涵盖"织物洗护、餐具洗涤、消杀、家居清洁、空气清新、口腔护理、身体清洁、头发护理、肌肤护理及化妆品"九大类几百个品种，营销网络星罗棋布，遍布全国各省（区）、直辖市。

目前，立白在全国各地拥有 13 个生产基地、30 多家分公司、员工 1 万多人。全国各大生产基地生产设备先进，生产管理规范，环境保护严格，能有效控制"三废"排放，实施清洁生产、环保生产、节约生产和循环生产，是干净整洁、绿树成荫、无粉尘、无噪声、水资源循环利用的环境友好型工厂。立白被国家原环保部授予"中国环境标志企业优秀奖"，广州番禺生产基地污水处理站经有关部门严格评估成为"广东省环境保护示范工程"。

立白天然皂液（橄榄油精华）是由广州立白企业集团有限公司生产的绿色设计产品，该产品有以下三个优点：

（一）使用植物原浆萃取技术，温和不伤手

立白天然皂液使用植物原浆萃取技术，内含有橄榄油精华以及柠檬酸等

天然成分，温和不伤手。

（二）引进欧美进口原料污垢分散剂，高效去油污

引进欧美进口原料污垢分散剂，深入织物纤维，防止污垢残留，使其能够很好地脱离织物，达到高效去污的效果。

（三）洗护合一，低泡易漂洗

产品不仅对衣物有洗涤作用，同时引进欧洲进口原料，能够防止衣物变旧变硬，具有柔护功效。内含植物油皂基，低泡易漂洗性能突出，适用于滚筒洗衣机，使用不出现泡沫过多导致泡沫溢出的现象。

三十七、立白洗衣凝珠：采用水溶性膜定量包装

> **编者按：** 作为家用洗涤剂的立白洗衣凝珠，一方面引入蛋白生物酶，达到节水省电的效果；另一方面，使用 PVA 水溶性薄膜，易溶解无残留。该产品的磷酸盐含量小于 0.1%，造成水体富营养化影响当量为 0.00315 $kgNO_3^-$ eq。立白在家用洗涤剂产品方面的发展经验可为传统家用洗涤剂生产企业绿色发展提供借鉴。

广州立白企业集团有限公司（简称"立白"）是国内日化龙头企业，创建于 1994 年，总部位于广州市荔湾区陆居路 2 号，产品范围涵盖"织物洗护、餐具洗涤、消杀、家居清洁、空气清新、口腔护理、身体清洁、头发护理、肌肤护理及化妆品"九大类几百个品种，营销网络星罗棋布，遍布全国各省（区）、直辖市。

至今，立白在全国各地已拥有 13 个生产基地、30 多家分公司、员工 1 万多人。全国各大生产基地生产设备先进，生产管理规范，环境保护严格，能有效控制"三废"排放，实施清洁生产、环保生产、节约生产和循环生产，是干净整洁、绿树成荫、无粉尘、无噪声、水资源循环利用的环境友好型工厂。立白被国家原环保部授予"中国环境标志企业优秀奖"，广州番禺生产基地污水处理站经有关部门严格评估成为"广东省环境保护示范工程"。

立白洗衣凝珠是由广州立白企业集团有限公司生产的绿色设计产品，该产品有以下两个优点：

（一）活性物高，极大降低能耗

立白洗衣凝珠为浓缩配方，活性物含量高达 65% 左右，相当普通洗衣液的 3~4 倍。从生产上大大降低能耗，减少了包装和运输成本，符合节能减

排、环保低碳的要求。

（二）含有双重精华，量少功效大

含有椰子油和橄榄油双重精华，含量高达5%以上。一颗15~20克规格可以洗涤8~12件衣服，引入蛋白生物酶，洁净力强，同时低泡易漂洗、节水省电。引入国外进口的PVA水溶性薄膜，易溶解无残留，支持15分钟快洗。

三十八、纳爱斯洗衣粉：采用基于可再生原料的表面活性剂

> **编者按**：纳爱斯在洗衣粉的绿色设计过程中，一方面采用绿色、基于可再生原料的表面活性剂；另一方面，广泛采用生物酶制剂等功能性高效成分，达到用量少、效率高的目的。纳爱斯洗衣粉的磷酸盐含量为 0.029%。纳爱斯在家用洗涤剂产品方面的发展经验可为传统家用洗涤剂生产企业绿色发展提供借鉴。

　　纳爱斯集团（简称"纳爱斯"）是中国日化行业的领军企业、"大国品牌"先行者，中国洗涤用品工业协会首批力推的"浓缩洗衣粉标志"企业，引领行业朝着"环境友好、安全健康"方向转型升级。集团前身是成立于1968 年的地方国营丽水五七化工厂，1993 年进行股份制改造，2001 年组建集团。集团共有员工 20000 余人，总部位于浙江省丽水市。集团产品已覆盖家居洗护、织物洗护、口腔护理、个人护理等多个领域，各项品牌均拥有自主知识产权，集团旗下拥有雕牌、超能、纳爱斯、健爽白、伢牙乐、100 年润发、西丽、西亚斯、李字、妙管家等品牌。

　　雕牌洗衣粉、超能浓缩洗衣粉、雕牌天然皂粉是纳爱斯生产的绿色设计产品。其已有几十年的洗衣粉生产历史，期间经过多次技术革新，目前主流生产工艺主要有"高塔喷粉+后配辅料与附聚成型"两种。前者主要用于生产普通洗衣粉产品，此类产品属于传统型产品，市场占有率高，但生产能耗相对较大；后者主要用于生产浓缩洗衣粉产品，能耗低，废水、废气少，但由于市场接受度不高，目前的市场占有率较小。纳爱斯集团积极响应国家的宏观政策，在满足市场需求的前提下，不断优化配方及生产工艺，努力采取有效措施节能降耗。

（一）采用绿色、基于可再生原料的表面活性剂，促使产品更高效

洗衣粉配方由表面活性剂、助剂、功能性小料和填充剂等组成。纳爱斯取消了会导致水体富营养化的三聚磷酸钠的使用，推行减少填充剂的浓缩型配方，逐步探索减少石油来源的表面活性剂的使用，采用绿色、基于可再生原料的表面活性剂，如 APG、MES 等；广泛采用生物酶制剂等功能性高效成分。生物酶制剂由天然原料经微生物发酵提取，绿色环保，具有用量少、效率高、污渍针对性强、洗涤效果好等特点，使产品更高效地发挥功效。逐步提高洗衣粉的表观密度，减少包装材料的使用，提高运输效率。

采用天然椰子油为原料生产的皂粉，将普通洗衣粉的强去污与皂的绿色低泡、温和完美结合，在保持高效去除污渍的同时具有显著的易漂洗、节水的功效。经权威机构测试，皂粉洗涤比普通洗衣粉省水 40%。按年产量 20 万吨皂粉计，每年可节水 8000 万立方米，相当于 8 个西湖的水量。

（二）采用三级除尘及废水生化处理装置，极大降低污染排放

针对普通洗衣粉实际情况，增加后配物料比例、降低喷粉干燥物料在成分中的比例，通过提高喷粉料浆的固含量，减少喷粉干燥物料量及其含水量，大幅降低了能耗；产品总能耗明显低于行业平均水平。在排放控制方面，采用三级除尘及废水生化处理装置，保证洗衣粉生产的尾气、废水排放达到或超过国家和地方的排放标准，对环境安全。处理后的废水绝大部分回收利用，基本实现了车间废水"零排放"，节省水资源。与此同时，大力发展和促进附聚成型工艺生产浓缩粉，该工艺主要是原料的固态混合、液固附聚造粒、气流干燥、筛分，生产过程无废水、基本无废气产生。与高塔喷粉工艺相比，附聚成型法生产洗衣粉能有效降低能源消耗，减少包装、仓储及运输费用以及减少设备及土建投资，大大减少了对环境的不利影响。

三十九、纳爱斯液体洗涤剂：采用低温冷配技术

> **编者按**：纳爱斯在洗衣液、洗洁精的绿色设计过程中，一方面开发生产含皂的洗衣液，达到节能节水的效果；另一方面，采用低温冷配技术，极大减少能源消耗。纳爱斯洗衣液的磷酸盐含量为 0.008%，洗洁精的磷酸盐含量为 0.001%。纳爱斯在家用洗涤剂产品方面的发展经验可为传统家用洗涤剂生产企业绿色发展提供借鉴。

　　纳爱斯集团（简称"纳爱斯"）是中国日化行业的领军企业、"大国品牌"先行者，引领行业朝着"环境友好、安全健康"方向转型升级。集团前身是成立于 1968 年的地方国营丽水五七化工厂，1993 年进行股份制改造，2001 年组建集团。集团共有员工 20000 余人，总部位于浙江省丽水市。集团产品已覆盖家居洗护、织物洗护、口腔护理、个人护理等多个领域，各项品牌均拥有自主知识产权，集团旗下的雕牌、超能、纳爱斯、健爽白、伢牙乐、100 年润发、西丽、西亚斯、李字、妙管家等品牌，面市即受到消费者喜爱。产品远销欧洲、非洲、大洋洲、东南亚等地区。

　　雕牌洗衣液、超能洗衣液、雕牌洗洁精、超能洗洁精是由纳爱斯生产的绿色设计产品。雕牌洗衣液具有溶解速度快、去污力好、除菌率高和留香的功效。超能洗衣液具有天然椰子油生产、溶解速度快、去污力好、低泡易漂、柔软抗静电和留香的功效。雕牌洗洁精温和护手，能有效去除餐具上的污渍。超能洗洁精离子去油，西柚去腥，不仅能高效洗净餐具，还能有效去除果蔬表面残余农药。

（一）采用易生物降解的表面活性剂

　　液体洗涤剂由多种安全温和、易生物降解的表面活性剂和功能助剂复配

而成。与洗衣粉相比，液体洗涤剂的生产过程具有不产生粉尘、有利于连续自动化生产工艺、生产能耗低等优点。产品使用方便、易溶解、易于计量、低温洗涤效果好、碱性低、温和、对织物和肌肤更加温和、配方填充剂为水、减少使用后对环境的总化学品排放量低等优点。利用肥皂天然、低泡、易漂洗的特点，纳爱斯开发生产的含皂超能植翠低泡洗衣液，低泡易漂，节能节水。补充装的使用，减少了包装废弃物对环境的影响。

（二）采用低温冷配技术，极大提高生产效率

纳爱斯的洗衣液生产改进了传统的热配工艺，采用低温冷配技术，无须加热冷却，不仅大幅缩短生产时间、提高生产效率和设备使用率，还显著减少了能源消耗。大宗液体原料采用槽车供料、储罐保温储存、管路泵送和自动计量添加，减轻了工人劳动强度，节省了桶装料所用的包材以及配套加热烘房、转运的成本，而且不会产生桶装料使用过程中原料外漏、物料残留以及由此带来的清洗废水处理和环境污染问题。生产工艺采取先进的节水措施，生产车间工艺用水已经做到了循环利用，真正做到了废水"零排放"。灌装包线采用了自动化生产方式，如夹瓶输送、蜘蛛手理瓶、旋转式贴标灌装，自动理盖旋盖，自动装箱等，大幅减少了生产人工成本。产品内包装的日期标识由油墨喷码改为激光打码，无须再消耗油墨材料。

四十、纳爱斯透明皂：采用先进油脂精制工艺

> **编者按：** 纳爱斯在透明皂的绿色设计过程中，一方面采用先进油脂精制处理工艺，实现了工业回收油脂的高效利用；另一方面，实施油脂水解项目，极大降低综合能耗。纳爱斯透明皂的磷酸盐含量为0.1%。纳爱斯在家用洗涤剂产品方面的发展经验可为传统家用洗涤剂生产企业绿色发展提供借鉴。

纳爱斯集团（以下简称"纳爱斯"）是中国日化行业的领军企业、"大国品牌"先行者，引领行业朝着"环境友好、安全健康"方向转型升级。集团前身是成立于1968年的地方国营丽水五七化工厂，1993年进行股份制改造，2001年组建集团。集团共有员工20000余人，总部位于浙江省丽水市。集团产品已覆盖家居洗护、织物洗护、口腔护理、个人护理等多个领域，各项品牌均拥有自主知识产权，集团旗下的雕牌、超能、纳爱斯、健爽白、伢牙乐、100年润发、西丽、西亚斯、李字、妙管家等品牌，面市即受到消费者喜爱。产品远销欧洲、非洲、大洋洲、东南亚等地区。

雕牌透明皂、超能牌透明皂是由纳爱斯生产的绿色设计产品。透明皂采用天然油脂为原料制成的洗涤用品，具有泡沫丰富、洗净力高、易漂省水、香气清雅、适合较少衣物或幼儿、内衣类衣物的洗涤。透明皂中干皂含量大于75%、游离碱含量低、无磷、含有少量甘油有效保护皮肤。

（一）采用先进油脂精制处理工艺，实现了工业回收油脂的高效利用

肥皂是指脂肪酸或混合脂肪酸的碱性盐类（无机或有机）的总称。优点是去污力强、泡沫丰富、易漂洗，并且温和、安全、无污染。肥（香）皂超过90%的成分来源于油脂，制皂用油脂包括椰子油、棕榈油、棕榈仁油、牛

羊油等。近年来，通过创新油脂配方技术并结合先进油脂精制处理工艺，实现了工业回收油脂的高效利用，不仅解决了工业回收油脂的处理问题，也开发了生产肥皂新的油脂来源。纳爱斯生产肥（香）皂的综合能耗仅为传统工艺的一半，一年可以节约 1.2 万吨标准煤，年减排 1 万多吨温室气体。

（二）实施油脂水解项目，极大降低综合能耗

肥（香）皂是最古老的洗涤产品，早在公元前就有肥皂作坊。制皂的基本化学反应是油脂和碱相互作用生成肥皂和甘油，反应所得的皂经盐析、洗涤、整理、干燥后，得到称为皂基的中间品，再继续加工并成为不同商品形式的肥（香）皂。肥（香）皂的生产工艺主要有大锅皂化、连续皂化和油脂水解/中和三种方式。大锅皂化法设备投资少、工艺简单、操作弹性大，但生产周期长、劳动强度高、工艺能耗高，已逐步被淘汰。连续皂化法生产效率高，产品质量稳定，但对油脂质量和配比要求严格，对原料的限制较多。油脂水解/中和工艺则在保留连续皂化工艺优点的基础上克服了该法的局限，彻底解决对油脂的限制问题，任何适用于制皂的油脂（脂肪酸组成）都能成为生产肥（香）皂的优质原料。纳爱斯致力于工艺改进、技术创新，于 2003 年顺利投产年生产能力为 15 万吨的连续皂化工艺，工艺水平达到国际领先水平；2007 年启动了全国洗涤行业技术最先进、单塔能力最大的油脂水解项目；2009 年项目建成投产后，皂基吨产品综合能耗仅为大锅皂化工艺的一半，一年可以节约 1.2 万吨标准煤，减排 1 万多吨温室气体。纳爱斯还开发了"三炉合一"、油脂/脂肪酸混合连续皂化、多功能连续皂基复配等多项技术。

四十一、易生聚乳酸：采用熔融结晶法

编者按：易生新材料在聚乳酸的绿色设计过程中，一方面采用熔融结晶法和精馏，极大减少环境污染；另一方面，回收聚乳酸与生产时产生的不合格品聚乳酸加工后作为生产原料，解决了"三废"排放问题。产品生物降解率为 83.5%，单位产品废渣产生量为 0.0022 千克/吨。易生新材料在可降解塑料产品方面的发展经验可为传统可降解塑料生产企业绿色发展提供借鉴。

孝感市易生新材料有限公司（简称"易生新材料"）是深圳光华伟业股份有限公司的全资子公司，在新三板上市。公司成立于 2008 年 11 月，主要从事生物降解材料的合成、改性和应用研究，以及高科技含量精细化学品的研究开发和工程化工作，2010 年申报国家高新技术企业并获得批准。公司以易生环境友好型材料产业园为基地，以聚乳酸、聚己内酯、乳酸酯及其下游产品 3D 打印线条为主导产品，配套环境友好电子化学品等，建成管理科学化、生产现代化、市场国际化、服务标准化、产学研一体化、产品领先、市场领先、技术领先的具备国际竞争力的环境友好型材料产业集团，聚乳酸和聚己内酯及其下游产品规模能够进入世界降解材料企业前列。

公司依托武汉大学、北京大学、中科院宁波材料所联合组建三个研发中心，形成了合成、改性与 3D 打印材料等多个独立研发团队，已经申请和取得国内外专利 10 多项。公司秉承"差异化定位、开放式创新"的经营理念，专注特殊细分市场，服务中高端客户，引领市场需求。生产立足国内，营销走向国际，目前产品市场覆盖 100 多个国家，为公司发展奠定了广泛的市场基础。

聚乳酸是由易生新材料生产的绿色设计产品。产品性能优良，透明性好，可以用于膜材料、食品和药品包装，玩具和文具等生活用品、电子产品和汽车内饰件等工程塑料，医用、服装和无纺布等纺织产品。

（一）采用熔融结晶法和精馏，极大减少环境污染

工艺中所采用原料为乳酸，是可生物降解材料，纯化中间体丙交酯所采用的工艺为熔融结晶法和精馏，相比溶剂重结晶，有以下优点：低温操作，一般是常压、低温操作，操作简单安全，对设备无过高要求，因为低温下原料的腐蚀性下降。对热源无过高的要求，不需要花高额投资用于加热炉及高真空设备系统，因此可以降低成本和设备投资。对环境友好，与使用溶剂的重结晶相比，不需要对产品进行干燥以脱除溶剂，因此减少了干燥的步骤，避免了溶剂介入导致的成本升高、环境污染、低温冷冻操作。一般熔融结晶的能耗仅为精馏的 10% ～ 30%，有助于节能。

（二）聚合过程中采用管式反应器，既提高了生产效率，又减少了能耗

生产时在聚合过程中采用管式反应器，相比传统非连续集合工艺中采用的多个反应釜，管式反应器不仅提高了生产效率，而且减少了能耗。这种工艺路线还有一个最大的特色技术：将回收聚乳酸与生产时产生的不合格品聚乳酸加工成粉末，再将聚乳酸粉末与低浓度乳酸以一定比例混合，加热酸解，得到的高浓度乳酸作为生产原料，既降低生产成本又避免了废渣的排放，真正做到了所有生产原料全部被合理利用，解决了"三废"排放问题。

四十二、必可成购物袋：使用淀粉作为聚乳酸原料

编者按：必可成在可生物降解购物袋的绿色设计过程中，一方面采用风冷干燥方式，使废水产生量为零；另一方面，使用淀粉作为聚乳酸的原料，实现资源化循环利用。产品生物降解率为98%，每吨产品废渣产生量为0.01吨。必可成在可降解塑料产品方面的发展经验可为传统可降解塑料生产企业绿色发展提供借鉴。

长春必可成生物材料有限公司（简称"必可成"）借"吉林省禁塑令"的东风入驻长春经开区生物材料产业创新基地，是由曲阜必可成环保实业有限公司投资成立的全资子公司，具备年产1万吨可生物降解生物材料的能力。必可成生产的聚乳酸改性原料及制品都是绿色可降解的，生产过程中产生很少量废渣，不产生含COD的废水，生产能耗低，不使用煤和石油等能源，生产制造过程对环境无污染；生物降解购物袋产品为绿色环保产品，重金属含量远低于环保要求，产品可完全生物降解，对环境起到保护作用；产品包装是绿色环保包装，包装物可回收再利用，并可生物降解。

必可成有着20年丰富的行业经验，产品已通过美国ASTM6400、欧盟EN13432、澳大利亚AS4736等国际标准认证，全部出口到澳大利亚、英国、意大利、美国等国家。自成立以来，实际投入资金4500余万元，累计销量产品1300余吨。与欧亚连锁超市、闻氏生鲜连锁超市、鼎丰真、延吉百货大楼、中之杰、远方超市、北京华联、吉林欧亚、一号店、新玛特、大商集团等多家大型商超、连锁企业以及批发商（累计500余家客户）建立合作关系。其中，可生物降解购物袋是由必可成生产的绿色设计产品。

（一）采用风冷干燥方式，使废水产生量为零

必可成生产的产品可生物降解购物背心袋主要原料为聚对苯二甲酸己二酸丁二酯和聚乳酸，其中聚乳酸含量为 35%，聚对苯二甲酸己二酸丁二酯为 55%，聚对苯二甲酸己二酸丁二酯和聚乳酸的总含量达到该产品的 95% 以上，其余组分均为无毒无味的可用于食品包装用途的助剂。所使用的聚对苯二甲酸己二酸丁二酯和聚乳酸均为符合国家标准（GB/T 32163.2-2015）规定的可降解塑料，因此产品为可降解塑料制品。产品的聚乳酸含量经吉林省产品质量监督检验院检测，聚乳酸含量为 35%。主要原料为聚对苯二甲酸己二酸丁二酯和聚乳酸，聚对苯二甲酸己二酸丁二酯也是生物降解塑料，因而产品为完全生物降解材料。

产品生产过程中原料聚对苯二甲酸己二酸丁二酯和聚乳酸外购，制备生物降解聚乳酸树脂时，使用双螺杆挤出机挤出，造粒采用风冷干燥方式，物料不接触水；吹膜及制袋过程不使用水，因而无废水产生。水主要是挤出机冷却水，循环利用，不产生废水，无废水 COD 排放。

（二）使用淀粉作为聚乳酸的来源，实现资源化循环利用

双螺杆挤出机挤出和造粒过程中产生的废料头可以经粉碎机粉碎重新利用，背心袋生产过程中切除的部分可粉碎后造粒回收利用，每吨产生 0.01 吨废渣，废渣成分是难以回收的部分废料，可完全生物降解，降解产物是水和二氧化碳，不污染环境。主原料聚对苯二甲酸己二酸丁二酯和聚乳酸的重金属含量均符合 GB/T 20197 标准要求，其他助剂无重金属，因而产品重金属含量合格。产品包装使用纸壳箱，可重复利用，包装为可降解材料。

产品中的聚乳酸来源于淀粉，淀粉由可再生的玉米、甘薯等植物资源获得。聚对苯二甲酸己二酸丁二酯和聚乳酸最终降解为水和二氧化碳，再次为植物所吸收利用，实现资源化循环利用。薄膜制品容易在自然环境中降解，无须无害化处理。资源能源消耗少，仅需每吨制品消耗电能 1000 度，不消耗煤和石油等资源，不产生废水、废渣，无污染物排放。

四十三、麦可罗水乳剂：研发去离子水替代有机溶剂技术

编者按：麦可罗在 0.2% 苦皮藤素水乳剂的绿色设计过程中，一方面将原料的苯提工艺改为乙醇提取，减少了苯类的使用；另一方面，以去离子水代替大量有毒有机溶剂。产品土壤降解半衰期为 10 天，生产过程危险废弃物处置率达 100%。麦可罗在杀虫剂产品方面的发展经验可为传统杀虫剂生产企业绿色发展提供借鉴。

陕西麦可罗生物科技有限公司（简称"麦可罗"）位于陕西蒲城。其前身是 20 世纪 70 年代初创建的蒲城县生物制品厂，2000 年改制为陕西绿盾生物制品有限责任公司，2013 年 8 月 15 日将名称变更为陕西麦可罗生物科技有限公司，企业注册资本 5000 万元，注册地址位于陕西省渭南市蒲城县高新技术产业开发区，法人代表为翁婧。麦可罗历经 40 余年的创新发展，现已成为陕西省唯一、西北地区规模最大、工业和信息化部定点的生物农药原料药生产企业。麦可罗现有员工 300 余名，其中，中、高级职称技术人员 65 名，省、市劳模各 1 名，政府科技拔尖人才 3 名，省政府委派首席工程师 2 名。近年来先后承担了国家"863"计划子课题"农用尼可霉素"的工业化生产技术研究、陕西省农业科技成果转化项目、陕西省"13115"重大生物农药产业化项目、陕西省科技统筹创新工程"苹果园提质增效关键技术研究与示范"项目。作为主要起草成员单位之一，与国家标准委员会共同完成了春雷霉素等生物农药国家标准的制定。由国家发改委批准的"生物农药关键技术国家地方联合工程研究中心"落户麦可罗，这更是企业高速发展中的一个里程碑。

麦可罗先后荣获"国家鼓励类企业""高新技术企业""陕西省企业技术

中心""陕西省创新型企业""陕西省第一批创新研发中心"等国家及部、省级荣誉，获国家发明专利授权及受理 17 项，通过两项科技成果鉴定，通过 ISO9001 质量管理体系认证，"绿盾©"被认定为陕西省著名商标。

麦可罗于 2016 年建成了年产 1000 吨低毒环保型农药替代高毒农药技术改造项目，形成了年产 1000 吨低毒环保型 0.2%的苦皮藤素水乳剂的生产能力。产品属植物源杀虫剂（农用杀虫剂），具有胃毒、触杀和麻醉、拒食的作用，以胃毒为主，主要作用于昆虫消化道组织，破坏其消化系统，导致昆虫进食困难，饥饿而死，可用于防治槐树槐尺蠖、芹菜甜菜夜蛾、豇豆斜纹夜蛾、猕猴桃树小卷叶蛾、茶叶茶尺蠖、葡萄绿盲蝽、甘蓝菜青虫、水稻稻纵卷叶螟。产品代替了原有的高毒硫丹乳油，其生产技术是从西北农林科技大学独家引进，曾获得国家科技进步二等奖。

（一）原材料采用从苦皮藤分离得到的活性成分

0.2%苦皮藤素水乳剂原材料苦皮藤素是从苦皮藤分离得到的活性成分。苦皮藤属卫矛科南蛇藤属多年生藤本植物，广泛分布于中国黄河、长江流域的丘陵和山区。苦皮藤根经有机溶剂提取后，将提取物、助剂和溶剂以适当比例混合而成的杀虫剂，因此产品在原材料获取阶段原材料较为单一，资源、能源消耗少，无环境负面作用。

（二）将原料的苯提工艺改为乙醇提取，减少了苯类的使用

0.2%苦皮藤素水乳剂是麦可罗从西北农林科技大学独家引进，该技术曾获得国家科技进步二等奖。该产品不属于化学农药，不同于传统的乳油制剂，生产过程中不使用传统有毒的化工原料，在苦皮藤原料处理过程中将原料的苯提工艺改为 95%乙醇（浸提 3~4 次）提取，减少了苯类的使用；加工过程中用水代替大量有毒有机溶剂，因而不会燃烧爆炸，无安全风险，在整个生产过程中对环境不产生负面影响，比传统的化学农药更环保、更清洁。

（三）以去离子水代替大量有毒有机溶剂

作为一种植物源农药，苦皮藤具有对哺乳动物低毒和对非靶标生物安全的特性。0.2%苦皮藤素水乳剂急性经口 LD50>2000 毫克/千克，急性经皮 LD50>2000 毫克/千克，根据农药登记毒理试验方法（GB15670-1995）的急性毒性分级标准，其毒性均属低毒。0.2%苦皮藤水乳生产过程中主要以去离

子水（占比 78%）代替大量有毒有机溶剂，且水乳剂的助剂均为安全环保助剂（占比 10.2%）。

（四）实施资源循环利用

产品生产过程中，浸提后的废渣（占比 81%）加腐殖酸、NPK 等制成有机肥，实现资源化利用，不产生一般农药行业处理废渣时产生的气体污染物。产品生产过程中不产生废气排放，废水（去离子水制备率占比 66%；冲洗废水占比 10%）排入公司污水处理系统实现统一处理。

（五）资源能源消耗低

产品生产过程中的能源消耗主要为电能消耗，其中每生产 1 吨 0.2% 苦皮藤素水乳剂（根粉碎：37 千瓦/小时；浸提：10 千瓦/小时，3~4 小时；调制：5 千瓦/小时，1 小时；除尘：10 千瓦/小时，1 小时），资源消耗主要为植物原料和地表水，其中地表水约 1.28 吨（去离子水 1.18 吨；冲洗水 0.1 吨）。相对于传统的化学农药，大大降低了资源能源消耗，并且从根本上消除了复杂的化学污染。

四十四、锦禾天然塑料：使用废弃农作物 生产生物基塑料

编者按： 江苏锦禾在全生物降解天然秸秆塑料-JH800 系列的绿色设计过程中，一方面将农业废料秸秆变废为宝，极大减少白色污染；另一方面，通过对流式热风对秸秆纤维"长纤"进行烘干，极大减少能源损耗。产品生物降解率大于 60%，每吨产品废渣产生量为 0.004 吨。江苏锦禾在可降解塑料产品方面的发展经验可为传统可降解塑料生产企业绿色发展提供借鉴。

江苏锦禾高新科技股份有限公司（简称"江苏锦禾"）位于江苏省扬州市生态科技新城，是中国专业的生物基塑料原料生产企业。江苏锦禾是国家级高新技术企业，"秸秆纤维塑料"中国国家标准主起草单位，同时还是中国塑协降解材料专委会副会长单位；东北林业大学、上海同济大学、浙江农林大学的产学研合作单位，拥有省级研究生工作站及市级工程技术研究中心。

江苏锦禾致力于以农业植物为主要原料，生产生物基塑料原料的关键技术和共性技术的工程化研究及产业化推广，主营天然秸秆塑料、淀粉基塑料等生物基原料及产品，其产品具有低碳、环保的特性，部分技术已达到世界先进水平。公司已获得近 20 项中国和世界发明专利，年产 1.4 万吨生物基原料，拥有国内先进的全自动化生产线与实验检测设备，生产多系列、多牌号、多用途的生物基及生物降解材料，可替代普通石化塑料广泛用于日用品、食品包装、文具、玩具、礼品、电器及工业工程等领域。公司产品通过了德国 DIN 生物质材料检测，符合美国 ASTM D6866 等生物基材料标准要求，获得欧盟 DIN CERTCO 认证。产品安全性已通过美国 FDA

检测，欧盟 EN71 及 EU 检测等，远销亚洲、欧美等国家和地区，深受客户青睐。

全生物降解天然秸秆塑料-JH800 系列是由江苏锦禾生产的绿色设计产品。江苏锦禾使用废弃农作物资源（淀粉、稻草、稻壳、麦秸秆、麸、糠等）生产生物基塑料，以此减少并部分替代难以降解的聚苯乙烯、聚乙烯和聚丙烯等塑料材料。生物基塑料通过注塑、挤塑、吹膜等通用塑料成型工艺，在现有常规塑料成型设备上可以直接使用，用以制造各类环保制品，涵盖餐饮具、一次性酒店用品、日常生活用品用具、玩具、工业易耗用具、水利、建筑工程等诸多领域。

（一）将农业废料秸秆变废为宝，极大减少白色污染

秸秆、淀粉均为天然生物高分子材料，聚乳酸（PLA）是以玉米淀粉等可再生资源为起始原料的高分子材料，使用后可分解为二氧化碳和水，原材料生物碳含量为 49%，在材料成分组成上最大限度地体现其低碳价值。PLA 和热塑性生物降解塑料（PBAT）均为可生物降解树脂，填充农作物资源（秸秆、淀粉），既不影响降解特性，又易于降低成本进行市场推广。材料在堆肥环境下自然降解，且对环境、土壤无害，减少白色污染。秸秆利用缓解了资源压力，将农业废料秸秆变废为宝，进一步解决秸秆焚烧的问题。根据碳守恒原则，取秸秆平均碳量 455 千克·摄氏度/吨，即每吨秸秆可平均固碳455 千克，若焚烧一吨秸秆大约产生 1700 千克的二氧化碳，以年产 10 万吨秸秆塑料计算，将利用秸秆资源 3 万吨，可减少二氧化碳排放量 5 万吨以上，减少白色污染 10 万吨。

（二）生产过程无"三废"排放

生产时将秸秆纤维干燥并超微粉碎后分级全利用，对原材料无提取或分离的化学过程，做到了资源全回收。在整个生产过程中，仅仅释放了植物纤维中约 13% 的水分，因此生产过程无固体废弃物产生。工艺过程中的工业用水为 100% 可循环水，且无污水排放。

生产加工过程中通常采用提升机提升物料，现场灰尘大，物料供料速度难控制。为应对此问题，公司采用特定系统，使物料封闭送料，减少现场灰尘量；同时，该系统可分级控制送料流量，提高制品质量，实现资源节约型

加工。通过对流式热风对秸秆纤维"长纤"进行烘干，使其水分含量从初始的13%~17%降低至3%以下。热风烘干设备为电加热形式，热风在热风烘道内循环使用，秸秆纤维与热风在对流过程中充分接触，烘干效率高。相对于红外线烘道等装置，对流式热风烘干设备对植物纤维粉体的干燥效率大大提高，能源损耗减少。

四十五、美菱冰箱：产品包装采用减量化设计

编者按：美菱在冰箱的绿色设计过程中，一方面积极开展绿色材料开发与替代，另一方面对产品包装进行减量化设计，极大减少碳排放。产品运行噪声为 38~43dB（A），可再生利用率不低于73%。美菱在家用电冰箱方面的发展经验可为传统家用电冰箱生产企业绿色发展提供借鉴。

合肥美菱股份有限公司（简称"美菱"）是中国重要的电器制造商之一，1983 年成立于中国合肥。拥有合肥、绵阳、中山和景德镇四大国内制造基地，印度尼西亚和巴基斯坦两大海外制造基地，产品线覆盖冰、洗、空、厨卫、小家电等，同时美菱还进军无人零售和生物医疗等领域，"白电王国"雏形日渐形成。拥有安徽省首家 RoHS 公共检测中心、国家级企业技术中心、尖端研发团队，美菱在节能、无霜、深冷、智能化等多个领域不断取得突破性成果，获得发明专利近千项。冷藏冷冻箱（BCD－255WP3B、BCD－470WUPBA、BCD－506WUPB、BCD－520WUP9BA），全保鲜冰箱（BCD－660WUP9BA），转换型冷藏冷冻箱（BC/BD－105DTB）是由美菱生产的绿色设计产品。

（一）积极开展绿色材料开发与替代

美菱针对国内外与有毒有害物质控制、回收利用、能效水平等相关的法律法规，研究并收集整理冰箱产品常用材料的技术、经济和环境特性，建立家电产品禁用/限用有毒有害物质、常用材料性能数据库。研究材料的技术、经济和环境性能并进行综合评价，提供选材依据。研究冰箱产品零部件的性能特点及技术要求、失效影响、设计规范等，开发免喷涂高光泽高分子、可降解包装、金属质感塑料和陶瓷质感材料配方等系列化绿色材料以及有毒有

害物质替代材料。

（二）进行减量化设计，开展绿色可回收循环包装技术研究

美菱的产品包装从轻量化、易回收和绿色环保的发展需求出发，对 EPS 泡沫等材料减量化设计、环保可回收包装材料利用、绿色可回收循环包装等技术进行研究，开展拼装式复合包装、蜂窝纸板、空气包装袋等新型包装方式的研究，从而减少包装材料的使用，提高可回收材料利用率，减少碳排放。

（三）开发机器人自动涂 PUR 胶水等先进的工艺，极大减少废料的产生

美菱针对冰箱产品现有生产工艺及其关键部件生产工艺，统计单位产值原材料消耗量及其资源利用状况等，建立物料平衡模型，确定废料主要产生环节和原因，通过采用内衬绕管及冷凝器自动贴服工艺、设计新结构药芯焊环、组合聚醚三元一次混合发泡工艺等技术改进，选择和开发机器人自动涂 PUR 胶水等先进的工艺和设备，减少或消除废料的产生。

四十六、史丹利海藻肥：研发全营养型当归专用肥

编者按： 史丹利在全营养型当归专用海藻肥（配比 20-10-21 N-P_2O_5-K_2O）的绿色设计过程中，一方面以尿素、磷酸一铵、硫酸钾为主要原料，采用高塔造粒工艺生产；另一方面，采用低杂质含量的原料，极大降低复合肥中有害物质含量。产品砷含量为 15 毫克/千克、镉含量为 3 毫克/千克、铅含量为 50 毫克/千克、铬含量为 150 毫克/千克、汞含量为 2 毫克/千克。史丹利在复合肥料产品方面的发展经验可为传统复合肥料生产企业绿色发展提供借鉴。

史丹利化肥贵港有限公司（简称"史丹利"）成立于 1992 年，是专业从事高塔复合肥、高浓度复合肥、硝基复合肥、生物肥、缓释肥、海藻肥等新型肥料研发、生产和销售的国家重点高新技术企业、全国科技创新示范企业、全国最大的高塔复合肥生产基地。现有总资产 43.6 亿元，员工 8000 余人，年生产能力 520 万吨。2011 年，史丹利在深圳证券交易所成功上市。2015 年，公司实现收入 73 亿元，净利润 6.8 亿元。目前，公司已在山东、吉林、广西、湖北、河南、江西等地建有 11 个分公司、子公司，在全国 31 个省份建立了以县级为单位的 2000 多个销售服务网点，实现了在全国研发、生产、营销和服务的总体布局。

公司始终坚持自主创新，注重核心技术引进、研发，创造了"两个中国第一"：中国第一条尿基高塔复合肥生产线、中国第一代最高含量 54% 新型复合肥。其中，四种主导产品被国家科技部、生态环境部、商务部、质检总局联合认定为"国家重点新产品"。拥有"全国复混肥工程研究中心""国家博士后科研工作站""院士工作站"等国家级研发平台。先后与国家杂交水

稻、国家玉米、国家小麦、国家蔬菜、国家棉花工程技术研究中心、清华大学、中国农业科学院、上海化工研究院等 30 余家国内外高等科研院所深度合作，并与美国农业部、美国普渡大学等建立了长期合作关系，积极开展国际交流合作。公司先后承担国家、省部级科技计划项目 30 余项，截至目前，已申报专利 109 项，授权发明专利 56 项。全营养型当归专用海藻肥是由史丹利生产的绿色设计复合肥产品。

（一）以尿素、磷酸一铵、硫酸钾为主要原料，采用高塔造粒工艺生产

全营养型当归专用海藻肥（配比 20-10-21 N-P_2O_5-K_2O）以尿素、磷酸一铵、硫酸钾为主要原料，采用高塔造粒工艺生产，主要工序为：熔融→混合→造粒→包装。固体颗粒状尿素经计量秤计量后进入尿素熔融槽，利用蒸汽进行加热熔融，加热后蒸汽回流于锅炉。熔融后的尿液进入缓冲槽，再经输送泵送到混合槽。粉状氯化钾（或硫酸钾）、磷酸一铵、填充剂和脲酶抑制剂 NAM 等进入混合槽与尿素混合，从混合槽出来的 N、P、K 融料进入造粒机，来自锅炉的蒸汽一部分对造粒机进行外部加热后回流于锅炉，另一部分进入造粒机顶部参与造粒，最终进入产品。从塔顶喷洒下来的 N、P、K 料浆经过来自塔底空气冷却固化成形，形成光滑圆润带小孔的肥料颗粒，然后进入输送带输送到冷却机，N、P、K 颗粒肥在此得到进一步的冷却处理后，由提升机提到成品筛，将成品分级后分别包装。

（二）采用低杂质含量的原料，极大降低复合肥中有害物质含量

由于采用低杂质含量的原料，复合肥中有害物质：砷、镉、铅、铬、汞含量远低于（GB/T2349-2009）《肥料中砷、镉、铅、铬、汞的生态指标》中的各项指标要求。生产过程中废水实现"零排放"，排放的废气中各指标如下：颗粒物为 36.4 毫克/立方米、二氧化硫为 84 毫克/立方米、废气中的氮氧化物为 180 毫克/立方米，均满足排放标准要求，该产品的生产过程对环境造成的影响比较小。

四十七、卓能锂离子电池：
产品能耗指标达 I 级水平

> 编者按：卓能新能源在圆柱形锂离子电池（GZNS18650MP-2000 mAh）的绿色设计过程中，一方面采用先进电池自动化生产线，另一方面降低产品能耗和污染物排放量。产品模组中的汞含量不超过产品总重量的 0.0005%，模组中的镉含量不超过产品总重量的 0.002%，循环寿命不低于 1000 次且容量保持率达 80%。卓能新能源在锂离子电池产品方面的发展经验可为传统锂离子电池生产企业绿色发展提供借鉴。

广西卓能新能源科技有限公司（简称"卓能新能源"）隶属于深圳卓能（集团）公司，成立于 2013 年 9 月 9 日，位于广西钦州市钦北区皇马工业园一区（卓能大道）。卓能新能源总投资 100 亿元，总规划用地 2000 亩，属国家战略性新兴产业项目、广西壮族自治区重大项目，定位为新能源动力电池及新能源汽车电源产业园，是专注于锂离子动力电池及电源系统的研发、生产、销售的全国性锂电新能源龙头企业。圆柱形锂离子电池是由卓能新能源生产的绿色设计产品。

（一）采用先进电池自动化生产线

圆柱形锂离子电池以三元材料和石墨为正负极活性物质，经过极片制造（混料、拌浆工序、涂布/拉浆、分切、碾轧、真空干燥等工序）、装配、化成和电测试等工序制作而成。企业生产线采用全套进口国际先进电池自动化生产线，单位产品废水产生量低于 0.002 立方米/万安培小时，单位产品综合能耗小于 180 千克标准煤/万安培小时、水重复利用率大于 99%，NMP（N-甲基吡咯烷酮）回收率超过 98%。

（二）产品能耗低，污染物排放量少

圆柱形锂离子电池限用有害物质（铅、贡、隔、六价铬、多溴联苯和多溴二苯醚）有害物质含量均低于相关标准要求，产品的能量密度不小于170瓦时/千克，循环寿命不低于1000次且容量保持率80%。《电池行业清洁生产评价指标体系》中锂离子电池单位产品能耗Ⅰ级基准值为350千克标准煤/万安培小时。企业主要能耗指标优于《电池行业清洁生产评价指标体系》中锂离子电池单位产品能耗Ⅰ级水平。与同类企业相比，该工艺单位产品能耗更低，污染物排放量更少，生产过程更节能环保，工艺技术水平处于国内领先水平。

四十八、欧力特电池：采用矮型结构和
高强度紧固型装配设计

编者按：欧力特在储能用铅酸蓄电池（6-CN-100 型）的绿色设计过程中，一方面采用矮型结构和高强度紧固型装配生产，降低由于电液分层对蓄电池使用寿命和容量的不利影响；另一方面，研发了铅锡-石墨复合材料冲网板栅，大幅度增加使用寿命。产品的塑料可回收利用率为 100%，铅可回收利用率为 100%。欧力特在铅酸蓄电池产品方面的发展经验可为传统铅酸蓄电池生产企业绿色发展提供借鉴。

江苏欧力特能源科技有限公司（简称"欧力特"）成立于 2004 年，是一家生产各行业专用蓄电池的企业，位于江苏省高邮市，注册资本 10080 万元，办公、研发、生产场所面积达 14.5 万平方米。欧力特一贯注重科技，拥有一支经验丰富多年从事电源研究开发的科技队伍。公司自成立以来，不断推出各种优质的电源产品，在储能行业内已经颇具知名度与影响力。目前，公司拥有自主专利 24 个，建有江苏省（欧力特）新能源储能装置工程技术研究中心、江苏省新能源储能装置工程中心、江苏省企业技术中心等研发机构，并拥有自主研发设计的从电解铅到合金配制、板栅铸造以及涂板固化等全自动生产流水线 25 条，年生产能力达 250 万千伏安培小时以上。

储能用铅酸蓄电池（6-CN-100 型）是由欧力特生产的绿色设计产品。阀控式铅酸蓄电池的电化学反应原理就是充电时将电能转化为化学能在电池内储存起来，放电时将化学能转化为电能供给外系统。其基本特点是使用期间不用加酸加水维护，电池为密封结构，不会漏酸，也不会排酸雾。电池盖子上设有单向排气阀（也叫作安全阀），当电池内部气体量超过一定气压值，即当电池内部气压升高到一定值时，排气阀自动打开，排出气体，然后自动关阀，防止空气进入电池内部。阀控式铅酸蓄电池采用 AGM 吸附式玻璃纤维棉（Absorbed GlassMat）做隔膜，电解液吸附在极板和隔膜中，贫电液设计，电池内无流动的电解液，电池可以立放工作，也可以卧放工作。

（一）采用矮型结构和高强度紧固型装配生产，降低由于电液分层对蓄电池使用寿命和容量的不利影响

欧力特采用矮型结构和高强度紧固型装配生产，降低由于电液分层对蓄电池使用寿命和容量的不利影响。中盖上沿盖孔路径上设有插槽，插槽内设有和插槽配合且能盖住盖孔的条形盖片。设计新型安全阀，保证逸出气体有充足滞留空间，起防爆作用；阀体下部的凹槽和通气孔设计，使气体顺利排出，避免堵塞。阀体下端和上端分别设有橡皮嘴和顶层过滤盖，其中段设有多个中间过滤层，由此可以在电解液转化为酸雾时及时收集回流，控制酸量一致性，减少气体排放，提高产品寿命。

（二）整体一致性优异

区别于传统的软件监控内化成技术，在上位机中，采用数据库技术对动力电池采集数据进行管理；下位机在线测量动力电池组的单体电压、温度、内阻以及充放电电流，缩短化成时间，少阶段低电流化成，提高初期容量、放电性能和电池组整体一致性。

（三）研发了铅锡-石墨复合材料冲网板栅，大幅度增加使用寿命

欧力特研发了铅锡-石墨复合材料冲网板栅，提高正极板栅耐蚀性。由于石墨与铅锡合金形成的复合材料强度高，不再需要加入钙、铝提高板栅强度，从根本上消除了因加入钙、铝降低铅锡合金耐腐蚀性的问题，在保证板栅强度基础上耐蚀性提高 1 倍以上，节铅约 30%。研发了高活性纳米 4BS 制备技术，克服正极板软化和提高正极比容量，提高电池一致性、循环寿命和比能量。

四十九、重庆长安CS55：轻量化设计
搭载整车净风系统

编者按： 重庆长安在CS55（SC7155ABH6）的绿色设计过程中，一方面积极采用高强度钢用材，实施轻量化设计；另一方面，搭载整车净风系统。产品可再利用率大于85%，可回收利用率大于95%。重庆长安在传统能源车产品方面的发展经验可为传统能源车生产企业绿色发展提供借鉴。

重庆长安汽车股份有限公司（简称"重庆长安"）位于重庆长江和嘉陵江两江汇合处，是一家开发、制造、销售全系列乘用车和商用车的汽车公司，其主要产品有全系列乘用车、小型商用车、轻型卡车、微型面包车和大中型客车，全系列发动机等，年汽车生产能力达100万辆以上，年发动机生产能力110万台以上。CS55（SC7155ABH6）是由重庆长安生产的绿色设计产品。

（一）积极采用高强度钢用材，实施轻量化设计

CS55车型白车身高强度钢用材占比达到52.58%，高强度钢用量居于国内同类车型领先水平。在保证C-NCAP五星碰撞标准下，CS55车型B柱加强件使用热成形工艺，门槛加强件使用辊压成形工艺，前碰横梁以铝带钢，前端模块以塑代钢，实现了较好的轻量化效果。

（二）搭载整车净风系统

全新内饰造型设计，对中控面板、多媒体开关、空调开关等进行全面革新。CS55搭载同级领先的整车净风系统，当车辆处于停止关闭状态，净风系统将会自动开启，每隔4小时就将纯净的自然风送入车内，当用户打开车门就能感受到车内焕然一新的新鲜空气。

五十、友发钢塑管：采用无铬钝化
替代传统钝化工艺

编者按：友发管道在钢塑复合管的绿色设计过程中，一方面大量使用本地原料，减少了运输过程中的能源资源消耗；另一方面，采用无铬钝化代替传统钝化，极大降低能耗、水耗。单位产品取水量为0.15立方米/吨，水重复利用率为96%，VOC去除率为78.7%。友发管道在钢塑复合管产品方面的发展经验可为传统钢塑复合管生产企业绿色发展提供借鉴。

天津友发管道科技股份有限公司（简称"友发管道"）是天津友发钢管集团股份有限公司的全资子公司，2015年集团公司根据战略发展规划，以天津市友联螺旋钢管有限公司为基础，将内部生产高附加值科技、创新性产品的部分企业进行重组、改制后成立的股份制公司，专注于净水输送领域提出打造中国输水管道系统专家的发展目标。公司具备年产内衬塑复合钢管27万吨、内外涂塑复合钢管3万吨、螺旋焊接钢管12万吨的生产能力，其中钢塑复合管（衬塑管）生产线6条，产能15万吨。2018年公司衬塑复合钢管产量78985吨，该产品具有钢管与塑管的双重优点，广泛应用于建筑、给排水、消防、暖通、净水输送、煤气管道、化工、医疗等领域。产销总量一直处于国内领先地位，2018年度公司生产的钢塑复合管国内市场占比达35.48%，先后在31个省份建立了完善的销售网络与售后服务体系，与多家零售、代理商建立了长期、稳定、战略联盟式的合作关系。钢塑复合管是由友发管道生产的绿色设计产品。

（一）原料本地化程度高，减少了运输过程中的能源资源消耗

PE衬塑复合钢管原料为镀锌焊接钢管和聚乙烯（PE）管。镀锌钢管就地取材，原料本地化程度高，减少了运输过程中的能源资源消耗；PE 管加工时不添加重金属盐稳定剂，材质无毒性，无结垢层，不滋生细菌，有效解决了城市饮用水的二次污染。

（二）采用无铬钝化代替传统钝化，极大降低能耗、水耗

在 PE 衬塑复合钢管的生产中，无铬钝化代替传统钝化，水洗代替喷砂，效益提升，耗能低、耗水低、排放少。

（三）极大提高使用寿命

PE 衬塑复合钢管卫生性能良好，可输送净水或热水（温度 ≤ 85 ℃）；消防性、绝缘性能好，可做电缆保护管。聚乙烯塑料使用过程中不受流体的侵蚀，其各项卫生指标均符合《生活饮用水输送配水设备及防护材料卫生安全评价规范》要求，钢管不与流体接触，不会形成微电池，故不易产生氧化腐蚀，钢塑复合管的使用寿命大于钢管，使用寿命超过 50 年。钢塑复合管绝缘电压达到 570 ~ 950 伏，可做电缆保护管，外层钢管有强度，内层衬塑管绝缘性能好。此外，钢塑复合管质轻，焊接工艺简单，施工方便，工程综合造价低。

五十一、五丰珍珠缎：采用脂肪醇聚氧乙烯醚替代传统助剂

编者按： 五丰丝绸在双面珍珠缎的绿色设计过程中，一方面使用了脂肪醇聚氧乙烯醚（AEO）替代了壬基酚聚氧乙烯醚（NPE），实现原料无害化；另一方面，采用电加热式蒸汽发生器代替锅炉，极大减少污染物排放。产品原料100%取自天然纤维，副产品100%可回收利用。五丰丝绸在蚕丝制品方面的发展经验可为传统蚕丝制品生产企业绿色发展提供借鉴。

蒙山县五丰丝绸有限公司（简称"五丰丝绸"）是于2010年7月注册成立的一家以生产真丝绸缎为主，集设计、开发、生产、销售于一体的私营丝绸深加工企业，注册资本3000万元，实收资本3000万元。五丰丝绸坐落在蒙山县工业集中区丝绸产业园，占地46.5亩，建筑总面积11300多平方米，有员工100人，目前拥有42台（套）具有世界先进水平的奔特E58、E6A型剑杆织机生产线，具备年深加工白厂丝270吨、生产真丝坯绸面料280万米以上的能力。双面珍珠缎是由五丰丝绸生产的绿色设计产品。双面珍珠缎面料一面是缎面，色泽鲜亮、柔软、舒适，而且正反两面都呈现出细小颗粒状，形同小珍珠，不仅具有良好的弹性，还有不皱的特性，面料亲肤，广泛适用于生产服装，在国内国外具有较强的竞争力，是我国纺织行业中技术含量和附加值比较高的产品。在产品工艺方面，采用1800捻/米的Z向包覆经定型后作甲纬，桑蚕丝3股合并加捻260捻/米的S向作乙纬。采用124米的经密和48厘米的纬密搭配织造面料，织物厚度达到19毫米，增强抗皱性能。

（一）使用了脂肪醇聚氧乙烯醚（AEO）替代了壬基酚聚氧乙烯醚（NPE），实现原料无害化

双面珍珠缎完全采用来自广西本地优良蚕丝，蚕丝具有色泽光亮、丝路有序、粘连性强、丝细韧性强的特点，均属于一等蚕丝。除此之外，五丰丝绸使用的泡丝助剂成分为石蜡（8%）、硬脂酸（5%）、脂肪醇聚氧乙烯醚（AEO）（2%）、单硬酸甘油脂（3%）、白油（2%）、水（80%），助剂中使用了脂肪醇聚氧乙烯醚（AEO）替代了壬基酚聚氧乙烯醚（NPE），不含有毒有害物质，生产产品也未添加任何阻燃剂、防水剂，生产原材料天然、环保，生产的双面珍珠缎色泽鲜亮、柔软、舒适，做到了原料无害化，满足绿色制造的理念。

（二）采用电加热式蒸汽发生器代替锅炉，极大减少污染物排放

五丰丝绸生产用蒸汽采用电加热式蒸汽发生器，不使用锅炉，无有害气体排放，最大化地减少了污染物排放，做到了生产清洁化，同样满足绿色制造的理念。

五十二、康明斯内燃机：使用合成材料替代铝材

> **编者按**：福田康明斯在内燃机（ISF2.8L、ISF3.8L）的绿色设计过程中，一方面使用合成材料代替铝材，实施轻量化设计；另一方面，编制合格供应商名录，制定《绿色采购标准》。产品可再利用率为85%，可回收利用率为95%，清洁度颗粒为0.6毫米。福田康明斯内燃机方面的发展经验可为传统内燃机生产企业绿色发展提供借鉴。

北京福田康明斯发动机有限公司（简称"福田康明斯"）成立于2008年，是全球领先的动力解决方案提供者康明斯公司与中国商用车企业北汽福田汽车股份有限公司以1∶1比例合资组建的生产轻型、中型和重型柴油发动机企业，总投资逾49亿元人民币，年产能可达52万台，产品包括康明斯F系列2.8升和3.8升轻型、F系列4.5升中型以及X系列X11、X12、X13、X11工程版以及X12N天然气版重型发动机。

福田康明斯是全球先进的柴油发动机生产基地，工厂拥有按照世界领先的技术标准和质量控制标准设计的发动机制造系统。车间生产线包括缸体和缸盖机加线、装配线、试验线、喷漆线和附装线。设备自动化程度高，预防性防错技术应用广泛。工厂运营严格遵循康明斯运营系统（COS）。福田康明斯已通过TS16949/OHSAS18001/ISO14000/ISO50001认证。内燃机（ISF2.8L、ISF3.8L）是由福田康明斯生产的绿色设计产品。F系列福田康明斯ISF系列2.8升和3.8升轻型发动机是福田康明斯投入巨资全新研发的两款直列四缸高压直喷式柴油发动机，是面向未来的新一代全电控轻型柴油机，功率范围覆盖107~168马力。这两款发动机具有动力强劲、可靠耐久、结构紧凑、高效经济等特点，能够满足欧Ⅴ（国Ⅴ）及欧Ⅵ排放，并能轻松升级。

（一）使用合成材料代替铝材，实施轻量化设计

"油底壳"和"摇臂室罩"使用合成材料代替铝材，降低重量，提高可靠性，也避免了腐蚀；同时也降低了噪声；轻量化本身对发动机来说也是节油；加快提升能源利用效率。逐步淘汰高耗能通用设备，针对电机（水泵、风机、空压机）系统、变压器、锅炉、照明器具等重点通用设备，开展节能技术改造，实施升级替代，推广高能效产品和设备，将重点通用设备的运行能效指标提高至国内乃至国际先进水平。建设绿色数据中心，应用热场管理、余热利用、自然冷源、分布式供能、直流供电等技术和产品，大力提升数据中心能源使用效率。

（二）编制合格供应商名录，制定《绿色采购标准》

公司编制有合格供应商名录，策划有供应商评价表、采购立项审批文件、程序文件、招投标文件等，采购部按照流程要求实施控制。福田康明斯制定《绿色采购标准》，以实现持续减少公司能源消耗，优化能源系统，减少温室气体排放，规定尽量采购低能耗、高转化效率的设备设施，禁止采购国家淘汰设备设施。《绿色采购标准》的主要内容包括：空压机采购标准、空调采购标准、冷却塔采购标准、照明采购标准、锅炉采购标准，实施控制情况良好。

五十三、依蕾精纺纱：选用不含 APEO 和
重金属的生态助剂

> **编者按**：依蕾在纯羊绒精纺针织纱的绿色设计过程中，一方面选用不含烷基酚聚氧乙烯醚（APEO）物质和重金属的生态助剂；另一方面，采用瑞士洛瓦工业空调系统，保证纺织质量。产品原料100%取自天然纤维，副产品和杂质95%以上可回收利用。依蕾在羊绒针织制品方面的发展经验可为传统羊绒针织制品生产企业绿色发展提供借鉴。

浙江依蕾毛纺织有限公司（简称"依蕾"）位于长江三角洲地区，公司成立于2001年，设备先进，检测仪器齐全，技术力量雄厚，具有较高的管理水平和研发能力，专业生产经营精纺、精半纺毛纺织品、针织品用纱。依蕾拥有大型自主工厂，掌握从精梳到蒸纱的完整制纱流程，装备先进纺纱设备，拥有精纺15000纺锭，精半纺5000纺锭，具有年产各类纱线2000吨的生产能力。工厂配有全套欧洲纺纱设备，意大利 Sant'Andrea 前纺设备，德国青泽、意大利 Cognetex 细纱机，德国赐来福 AutoconerX6 自络筒机、瑞士 SSM 并线机等。纯羊绒精纺针织纱是由依蕾生产的绿色设计产品，纯羊绒精纺针织纱主要用于生产各种羊绒针织品，产品具有色彩柔和、手感滑糯、条干均匀等特点，为高档羊绒针织制品提供了天然舒适、轻盈保暖、美观轻奢的原料。

（一）选用不含 APEO 物质和重金属的生态助剂

公司采用的原料山羊绒为天然纤维，可降解，有利于环境保护。在生产各环节均用环保染色及助剂，染色加工厂为宁波康赛妮新纤维新科技有限公司，该染厂通过国家绿色工厂、国家绿色设计产品、OEKO-TEX100 欧盟认

证，采用符合国家标准的生态染料及助剂。羊绒在纺纱过程中会产生静电，需要添加一定的助剂，以增加纤维柔韧性、抱合力。公司选用不含 APEO 物质和重金属、符合 OEKO-TEX 认证的生态助剂。生产过程采用环保工艺技术，以保证纱线生产工程及其产品的全面生态化，检测各项指标符合国家 GB18401 标准的规定，无有毒有害物质。

（二）采用瑞士洛瓦工业空调系统，保证纺织质量

为了使羊绒在纺纱过程中保持质量稳定，车间采用瑞士洛瓦工业空调系统，计算机系统化控制温湿度，始终保持恒温恒湿，保持温度 26~27 度，湿度 70%~75%。各生产工序设备配备除尘装置，保持生产车间清洁卫生，减少其他纤维及粉尘进入纱线中，每道工序运用乌斯特条干仪检测 CV 值、毛羽、粗细节、棉结等技术指标，并在每道工序后到接湿车间进行封存保持湿度，以便在纺纱环节保证条干及质量，并配备全程控真空蒸纱机，保证纱线定型效果。

五十四、东顺面巾纸：纸张无化学残留

> **编者按：** 东顺在顺清柔共享本色抽取式面巾纸的绿色设计过程中，一方面不添加任何化学添加剂，纸张无化学残留；另一方面，建设内部中水闭路循环系统，极大提高中水重复利用率。产品的有机氯化物、五氯苯酚、铅、镉含量均为零，水的重复利用率为95%。东顺在生活用纸方面的发展经验可为传统生活用纸生产企业绿色发展提供借鉴。

东顺集团（简称"东顺"）是以生活用纸和卫生用品研发、生产、销售为核心产业的大型集团化企业，是目前全国规模排名前列的生活用纸生产制造商之一、国家行业质量标准化制定者、国家造纸能耗标准国内唯一企业制定者。公司创立伊始便确立了要以行业一流的研发技术，世界领先的技术装备和优质进口原生木浆为金鼎三足要素，形成生产高档生活用纸的高起点战略定位。

公司秉承"品质源于创新"的经营理念，以"绿色造纸，保护环境"为己任，致力于高端产品的研发和生产，广泛开展与国内外研究机构的交流与合作，先后主持参与了10多项国家质量和能耗标准的制定，形成了国际领先的技术工艺体系。公司还成功研发出了宝宝专用纸、柔润面纸和可湿水面巾。顺清柔共享本色抽取式面巾纸是由东顺生产的绿色设计产品，表面光洁、韧性好，纸质细腻、柔软、无杂质，吸水性强，富有弹性，在清洁作用的同时带给人舒适的享受，是一种高档生活纸巾。

（一）不添加任何化学添加剂，纸张无化学残留

生产过程不添加任何化学添加剂，无漂白，从根源上消除了二噁英（一级致癌物）的产生，纸张无化学残留，长期使用对人体无害。不使用包括有

机氯化物、五氯苯酚在内的任何有害物质。东顺旗下顺清柔共享本色生活纸等高档生活用纸系列产品顺利通过美国 FDA 食品级专业检测。

（二）建设内部中水闭路循环系统，极大提高中水重复利用率

公司采用国际一流的进口高端生产设备，保障了清洁生产工艺的落实，通过建设内部中水闭路循环系统，可使中水重复利用率达到 95% 以上。锅炉烟气处理采用"布袋除尘 + 湿式脱硫除尘 + 湿式电除尘"，脱硝系统采用行业领先的 SCR 工艺，确保实现超低排放。

五十五、赛轮子午线轮胎：使用
串联式密炼机进行混炼

编者按：赛轮（东营）轮胎在轿车子午线轮胎（UHP轮胎系列）的绿色设计过程中，一方面使用串联式密炼机进行混炼，大幅度降低能源消耗；另一方面，使用高性能溶聚丁苯橡胶及高分散白炭黑并配合Silane改性，极大降低轮胎滚动阻力。产品的环保操作油苯并（a）芘含量<1毫克/千克，8种多环芳烃总含量<10毫克/千克。赛轮（东营）轮胎在汽车轮胎方面的发展经验可为传统汽车轮胎生产企业绿色发展提供借鉴。

赛轮（东营）轮胎股份有限公司［简称"赛轮（东营）轮胎"］成立于2008年，是目前全球单厂规模最大的半钢子午胎生产基地，在发展过程中，企业坚持走集约化、精细化发展道路，为进一步提高土地利用效率、节约人力资源成本，规划建设了高架立体智能仓库项目，项目总投资2亿元，占地面积40余亩，可最多一次性存储半钢子午胎140万套，比同规模普通仓库节约建设用地100余亩，作业效率提高50%以上。仓库运转过程中，各智能系统可通过识别每条轮胎的身份信息代码，实现入库、分拣、出库等各环节的全自动智能化运行。轿车子午线轮胎（UHP轮胎系列）是由赛轮（东营）轮胎生产的绿色设计产品。UHP轮胎系列产品采用特殊设计的配方，优化结构设计，使轮胎兼具高标签性能和较好的舒适性、操控性，能有效提升轮胎静音性能，降低轮胎滚动阻力，提升轮胎承载能力和抓地能力，同时也使该产品具有环保性。

（一）使用串联式密炼机进行混炼，大幅度降低能源消耗

UHP 轮胎在原料选择方面，选择符合环保法规要求的材料，并严格控制入厂检测。例如，使用环保且高性能的溶聚丁苯橡胶；大量使用非化石原料-高分散白炭黑；使用未检出苯并（a）芘和只检出苯并 ［e］芘含量为 0.6 毫克/千克的环保操作油，远低于限值；不使用防老剂 D（CAS 135-88-6）及产生吗啉啉物质的助剂、五氯硫酚的塑解剂和分解后会产生仲胺的硫化促进剂和硫黄给予体等橡胶助剂。生产的 UHP 轮胎产品不同部位取样多环芳烃产生的 Hbay 含量最高检测值为 0.1%，低于 0.35% 的指标值，铅的检测值为 0.014%，远低于限值 0.1%，汞、镉及六价铬均未检出。在清洁工艺生产方面使用串联式密炼机进行混炼，简化了橡胶混炼时所需的设备，不存在传统的橡胶混炼方式中母炼生产线和终炼生产线中具有多种相同设备的情况，降低生产成本，提高设备的使用效率，降低能源消耗，可准确地实现恒温混炼，充分保证硅烷化反应程度，解决了白炭黑易团聚的工艺难题，使白炭黑均匀分散于各胶料体系中，胶料外观得到改善，混炼胶料性能得到提升，半成品稳定性提高，降低了半成品部件、成品轮胎不良率，工作效率提升 20% 左右，能源消耗降低 25% 左右。单位产品新鲜水消耗量为 1.87 立方米/吨轮胎，远低于限值 6.60 立方米/吨轮胎，橡胶消耗量为 268 吨三胶/吨轮胎，远低于限值 380 吨三胶/吨轮胎。资源能源消耗、资源综合利用指标和污染物产生指标均低于限值。

（二）使用高性能溶聚丁苯橡胶及高分散白炭黑并配合 Silane 改性，极大降低轮胎滚动阻力

高性能溶聚丁苯橡胶及高分散白炭黑的使用并配合 Silane 改性，提高了填料的分散，减少了 Silica 的聚集，且提高硫化速度和抗湿滑性能，大大降低轮胎滚动阻力；白炭黑填充的胶料弹性大，易吸收路面变形，抓地力高。通过绝佳的弹性胎面改进汽车在光滑路面的抓地性能，使驾驶更平稳、制动距离更短，大大提高了驾驶安全性。生产轮胎的抗湿滑性能达到 1.48，高于限值 1.25；滚动阻力低于限值 9.0；滚动噪声低于限值 72dB（A）。研究表明，按照欧盟标签法中湿滑系数从 F 级提升至 A 级计算，汽车的刹车距离可

减少 18 米，若从 C 级至 A 级，汽车的刹车距离可减少 7 米，刹车距离的缩短对降低事故率和人员伤亡有着重大的意义；另外，滚动阻力比普通轮胎下降，有效降低汽车燃油消耗，增强燃料使用效率，降低二氧化碳排放，这种轮胎可使环境和驾驶者双双获益，一方面对环境的不利影响最小化，另一方面可为消费者节省燃料费用，在大量的汽车使用绿色轮胎以后，对节油和减少污染产生巨大作用。

五十六、红米 Note5A 手机：实施极简设计

编者按： 小米通讯技术有限公司在红米 Note5A 手机（MDT6、MDE6）的绿色设计过程中，一方面实施极简设计，简化零部件的制程；另一方面，尽量避免喷涂，大力推广环保水性涂料。六种有害物质含量小于等于 0.1%（wt），四种邻苯二甲酸酯类物质含量小于等于0.1%（wt），可再生利用率为 70%，可回收利用率为 80%，包装空隙率小于 65%，包装层数为 2 层。小米通讯技术有限公司在移动通信终端产品方面的发展经验可为传统移动通信终端产品生产企业绿色发展提供借鉴。

小米通讯技术有限公司（简称"小米通讯"）成立于 2010 年 4 月，是一家专注于高端智能手机自主研发的移动互联网公司。小米手机、MIUI、米聊是小米通讯旗下三大核心业务。"为发烧而生"是小米的产品理念，小米通讯首创了用互联网模式开发手机操作系统，即 60 万发烧友参与开发改进的模式。红米 Note5A 手机（MDT6、MDE6）是由小米通讯生产的绿色设计产品。

（一）实施极简设计，简化零部件的制程

公司致力于手机的极简设计，减少冗余装饰，避免了大量浪费和制造污染；深入研究新材料和工艺，简化零部件的制程，比如使用仿形刀代替球刀能够极大节省加工时间和耗材使用；优化生产工序，研发专用模、夹具，提高生产效率，节省成本的同时也有效减少了消耗和污染；选用专用金属、玻璃、陶瓷等可回收、可降解、无污染的材料，管控有毒有害物质的使用；包装设计采用纯木浆纸盒，秉持全纸化理念，减少印刷，最大化减少污染产生，

且采取紧凑式设计，减少浪费。

（二）尽量避免喷涂，大力推广环保水性涂料

机壳部件及部分配件产品尽量避免使用喷涂的方式，特别是生态链产品部件大部分不喷涂，有效减少了污染。大力推广环保水性涂料，已经做过多次打样与尝试，由于成本考量和供应商传统生产线的限制，目前还在小范围尝试，处于起步阶段。要求所有供应商通过达到欧盟环保要求的 RoHS 认证，避免生产环节使用和产生重金属成分，要求所有供应商达到 VOCs 排放标准和要求，实验材料严禁作为垃圾随意丢弃，而是全部回收，交由供应商统一处理。

五十七、康赛妮精纺纱：采用羊绒快速低温染色技术

编者按：宁波康赛妮毛绒制品有限公司在 C 系列羊绒粗纺针织纱线、J 系列羊绒精纺针织纱线的绿色设计过程中，一方面采用羊绒快速低温染色技术，另一方面采用低碳环保的运输方式。产品原料 100% 取自天然纤维，副产品和杂质 95% 以上可回收利用。宁波康赛妮毛绒制品有限公司在羊绒针织制品方面的发展经验可为传统羊绒针织制品生产企业绿色发展提供借鉴。

康赛妮集团有限公司（简称"康赛妮"）创建于 1999 年，是一家集染色、粗纺、精纺、半精纺、花式纱线、高分子材料（特种纱线）设计研发、生产及物流、进出口贸易于一体的集团企业。年提供给市场高档专业用纱线的能力超过 5000 吨，其中纯天然山羊绒纱线超过 2000 吨，占世界羊绒原料产量 10% 以上的份额，是中国较大的羊绒纱线出口企业。

康赛妮总部位于长江三角洲南翼的港口城市宁波，占地 260 余亩、厂房约 25 万平方米，现有员工 1000 多人。企业引进全新的自动化高档进口毛纺设备和一批具有多年高级毛纺行业从业经验的专业技术人才从事产品的研发和生产工作，主要产品 100% 纯山羊绒纱线不仅品质优良，而且如粗纺 36 支、精纺 180 支以及高科技纳米珍珠羊绒纱线等高端产品更是先于行业水平，为国际众多品牌所青睐。2010 年，康赛妮品牌纱线被授予"全国羊绒羊毛行业最具市场价值产品奖"。C 系列羊绒粗纺针织纱线、J 系列羊绒精纺针织纱线是由宁波康赛妮生产的绿色设计产品。

（一）采用羊绒快速低温染色技术

在染色阶段的生态设计上，选用环保型的毛用活性染料代替具有严重六

价铬污染的媒介染料。使用具有知识产权的羊绒快速低温染色技术,羊绒天然染料染色技术,绒条羊毛条免复洗等染色技术工艺,选用节能高效的染色设备提高染色生产效率,改善生态环境。在纺纱阶段的生态设计上,纺纱油剂使用通过 Oeko-Tex Standard 100 国际生态纺织品认证和签订《生态环保品质保证书》的供应商提供的和毛油、抗静电剂、纱线强力增强剂、纺纱蜡等助剂。

(二) 采用低碳环保的运输方式

在原材料采购环节考虑与供应商有关包装物回收协议的执行,不回收的包装物在企业内制定循环使用制度。不可循环使用的包装材料是否有处置说明,是否便于拆卸,便于分类回收。包装物箱的设计是否还可以减少体积和重量,包装设计的整体结构功能是否需要改进,在产品销售环节考虑评估在原材料中再生材料的回收利用率,测定包装产品最终废弃物的数量。包装材料是否具有无毒性、无污染、可回收利用、可降解。同类包装产品时尽量利用同样的包装材料,便于回收。运输方式是否低碳环保,避免使用碳排量是船运方式的 50 倍的空运方式。

五十八、荣昌针织品：开发"湿短蒸"工艺

编者按：宁夏荣昌在羊绒针织制品的绿色设计过程中，一方面开发防沾色染色助剂 WH 及"湿短蒸"工艺；另一方面，研发 FN150 新型羊绒分梳机和 FN150 新型羊绒梳理成条机，极大降低了无毛绒截绒损伤率。产品原料 100% 取自天然纤维，固体废弃物 100% 可回收利用。宁夏荣昌在羊绒针织制品方面的发展经验可为传统羊绒针织制品生产企业绿色发展提供借鉴。

宁夏荣昌绒业集团有限公司（简称"宁夏荣昌"）成立于 1997 年，是主营羊绒及羊绒制成品生产及销售的民营股份制企业，位于中国宁夏灵武市羊绒工业园区，先后获得"中国羊绒行业综合竞争力十强企业""中国轻工业百强企业""中国出口质量安全示范企业"等荣誉称号。

宁夏荣昌拥有的自主品牌"灵州雪"羊绒制品被国家知识产权局商标局认定为"中国驰名商标"。"灵州雪"品牌的各种羊绒制品系列产品质量达到国际标准，产品主要销往欧美等国家。宁夏荣昌拥有自营进出口权，2012 年经中国商务部核准，在美国纽约注册成立了荣昌美国羊绒销售公司，现已形成品牌优势，与世界前五大羊绒生产与销售企业均建立了良好合作关系。羊绒针织制品是由宁夏荣昌生产的绿色设计产品。

（一）开发防沾色染色助剂 WH 及"湿短蒸"工艺

"灵州雪"羊绒衫在羊绒新型染整、新型纺纱等工艺过程中加强绿色技术的创新和投入。美国检验检测等先进设备，引入节能、节水、自动化设备，开发防沾色染色助剂 WH 及"湿短蒸"工艺，改造应用新型喷雾纱线染色设备，使公司设备完好率提升到 95.2%，制造技术和制造过程绿色化率提升了

10%。公司先后通过 GB/T19001-2000/ISO9001：2000《质量管理体系》及 GB/T24001-2004 /ISO14001：2004《环境管理体系》的认证。

（二）研发 FN150 新型羊绒分梳机和 FN150 新型羊绒梳理成条机，极大降低了无毛绒截绒损伤率

"灵州雪"羊绒衫从产品的设计、产品的生产工艺、产品的生产环境引入整体生态设计，应用了自主创新研发的 FN150 新型羊绒分梳机和 FN150 新型羊绒梳理成条机，提高了无毛绒的提取率，降低了无毛绒截绒损伤率。无毛绒的提取率由原来的 95% 提高到 97%，纤维损伤率降低 2%，含粗率降低 0.15%。产量由原来的 5 千克/小时提高至 8 千克/小时，各项技术指标达到了国际领先水平。先进设备优化了"灵州雪"羊绒衫生态品质，获得了 2 项国家专利技术，产品质量远超国际标准。

五十九、松下洗衣机：独创节能导航功能

编者按：杭州松下在全自动滚筒洗衣干衣机 XQG100-EG128 的绿色设计过程中，一方面利用独创的节能导航功能，大大降低洗涤与脱水的能耗；另一方面，通过智能制造和机器换人等技术革新手段，提高松下的生产效率和生产质量。产品洗净均匀度不低于 91%，洗涤噪声不超过 62dB（A），可再生利用率不低于 70%。杭州松下在电动洗衣机产品方面的发展经验可为传统电动洗衣机生产企业绿色发展提供借鉴。

　　杭州松下家用电器有限公司（简称"杭州松下"）成立于 1992 年 4 月 1 日，是由日本松下电器产业株式会社和杭州金鱼电器集团有限公司合资组建。公司注册资金 30 亿日元，投资总额 53.65 亿日元，现拥有员工 2500 多人，主要生产销售洗衣机、干衣机、洗碗机及其零部件。2004 年 10 月，为促进松下集团在杭企业的集约化，提高资源共享，实现优势互补，松下集团投资 19 亿元人民币的 Panasonic 工业园在杭州经济技术开发区破土动工。2006 年 5 月，公司从杭州市区整体搬迁至松下杭州工业园，公司占地面积 123947 平方米，洗衣机年生产能力 400 多万台，已成为松下电器在全球最大的洗衣机生产基地。

　　经过 20 余年的不断发展，杭州松下在研发、制造、销售和公司组织运营等方面，都取得了巨大成绩，截至 2016 年 12 月，公司生产的 Panasonic 品牌洗衣机已在全球 42 个国家和地区销售。2016 年，杭州松下的洗衣机、干衣机销售量为 292 万台，销售收入为 38 亿元，出口交货值为 9.5 亿元。在生产能力不断提高，实现销售突破性发展的同时，杭州松下不断提高管理水平和

生产效率，将自身打造成为绿色、安全、高效的生产企业。公司成立至今，先后通过了质量管理体系、环境管理体系、职业安全卫生管理体系、能源管理体系、信息安全管理体系认证。2010年企业获得浙江省绿色企业称号，同年8月，公司以全国最高分以及浙江省内第一家企业的身份正式被国家安全生产监督管理总局核准为一级安全生产标准化企业，公司安全管理工作上了一个新的台阶。2012年公司获得浙江省工业循环经济示范企业称号，2015年获评杭州市企业社会责任建设2A级企业。

全自动滚筒洗衣干衣机XQG100-EG128是由杭州松下生产的绿色设计产品，松下全自动滚筒洗衣干衣机XQG100-EG128从设计伊始就以"智能洗涤，净在掌握"为特点，具有独创的节能导航功能。通过节能洗程序，可自动检测洗涤物的重量，温度传感器则自动检测水温，优化洗涤时间和水位。搭配高效变频电机，大大降低洗涤与脱水的能耗。利用松下专利泡沫发生技术，让洗涤剂充分溶解，快速产生细腻泡沫，减少洗涤剂的使用，从而减少洗涤剂对水质的污染。

松下全自动滚筒洗衣干衣机XQG100-EG128对原材料选择严格把关，通过松下《绿色供应链建立相关体系文件》等供应商要求，从源头上对有害物质进行减少使用和替换。通过智能制造和机器换人等技术革新手段，提高松下的生产效率和生产质量。松下洗衣机定期进行集中回收处理。内部所有报废的固体废弃物全部回收，并归类统一外卖给相关资质单位进行单独处理后再利用，可回收利用率为100%。松下家用电器的产品在生产活动中大量使用铁、塑料等多种资源。因此，从循环型制造的理念出发，松下在积极削减资源投入量的同时，努力提高再生资源的使用比例。松下家用电器对各类资源投入量的把握，明确再生资源使用的课题，并结合其特性推进资源循环活动。

（一）采用松下nanoe纳米离子除味技术

产品采用松下nanoe纳米离子除味技术，通过高电压电离空气中的水分子，进而产生带电的净水粒子，即可让直径5~20纳米的净水粒子渗透到衣物纤维深处去除异味。

（二）采用松下双极除螨技术

"一杀"，以高速变频风机吹出环抱式热风，覆盖桶内空间，改变螨虫所在区域温度湿度，"烘杀"活螨："二洗"，以高频劲漂水洗，深度清除螨虫尸体、唾液、分泌物等一系列过敏原。双管齐下，综合除螨达到97.56%，深层去除螨虫隐患，有效减少过敏原。

（三）配备高效变频电机

产品配备高效变频电机，设计严谨，构造精密，技术与制造工艺都极为严格，使全方位三维立体洗技术实现成为可能，同时大大降低洗涤与脱水时的噪声。

（四）含有节能导航功能

运用节能洗涤程序，可自动检测洗涤物的重量，温度传感器则自动检测水温，优化洗涤时间和水位，从而达到智能控制洗涤的作用，操作更简单。

（五）提供全方位三维立体洗涤

松下三维立体洗涤技术，搭载了3D传感器，从上下、前后、左右六个振动方向感知滚筒的运转，判断洗涤物的运转状态，自动控制滚筒的转速，针对不同重量的衣物，分别进行不同洗涤状态调整，令其都能达到最高点上下摔打洗涤，更加有效地发挥洗净的效果。

（六）采用光动银除菌技术

光动银除菌技术即在蓝光照射作用下促进银离子和水发生反应，产生羟基自由基，与银离子同时发挥除菌作用。在呵护衣物的同时，用健康洁净，带给生活更多可能。

六十、天能蓄电池：研发"铅-钙-锡-铝"四元绿色合金

> **编者按：** 浙江天能动力能源有限公司在电动助力车用密封铅酸蓄电池（6-DZM-12）、（6-DZM-20）的绿色设计过程中，一方面自主研发"铅-钙-锡-铝"四元绿色合金，极大减少了有毒有害物质的使用；另一方面，运用"初级沉降＋滤筒＋高效过滤器"处理工艺。电动助力车用密封铅酸蓄电池（6-DZM-12）循环寿命为550次，塑料可回收利用率为99%，铅可回收利用率为100%。电动助力车用密封铅酸蓄电池（6-DZM-20）循环寿命为560次，塑料可回收利用率为99%，铅可回收利用率为100%。浙江天能动力能源有限公司在铅酸蓄电池方面的发展经验可为传统铅酸蓄电池生产企业绿色发展提供借鉴。

　　浙江天能动力能源有限公司是天能集团下属全资子公司，集团综合实力位居中国民营企业500强。公司专业从事高性能、环保型铅蓄电池的研究与制造，是国家重点扶持高新技术企业、国家认定企业技术中心。公司参与制定国际、国家、行业标准50余项，2015～2016年牵头制定两项省团体标准《电动助力车用密封铅蓄电池标准》《电动道路车用密封铅蓄电池标准》，培养了近30名铅蓄电池产品绿色设计专业人才。

　　公司依托天能集团公司平台及技术研发优势，共享集团公司已有的国家认定企业技术中心、省级企业研究院、院士专家工作站及博士后工作站等创新平台和研发成果，致力于铅蓄电池产品的生态设计工作，通过引入计算机模拟仿真、计算机辅助设计、模块化设计、组建数据库等先进方法和工具，建成以减少铅材料消耗量、梯度微负压脱除车间中含铅固体颗粒物、多阶段变电流先进内化成实现节能减排的系统模型，自主研发一批包括低温冷切铅

粒、温高湿固化、自动化电池组装、先进内化成等绿色环保技术及装备。电动助力车用密封铅酸蓄电池（6-DZM-12）、（6-DZM-20）是由浙江天能动力能源有限公司生产的绿色设计产品。

（一）自主研发"铅-钙-锡-铝"四元绿色合金，极大减少了有毒有害物质的使用

公司自主研发"铅-钙-锡-铝"四元绿色合金完全可以替代"铅-锑-镉"三元合金，从根本上减少了锑、镉等有毒有害物质的使用。自主研发带滤酸高分子膜的特制酸壶，实现酸气分离，酸液回流利用，配置了废酸回收装置，进一步减少浓硫酸使用量。

（二）运用"初级沉降＋滤筒＋高效过滤器"处理工艺

公司采用行业先进的环保治理技术，铅尘、铅烟涉铅部位均采用梯级微负压收集系统，运用"初级沉降＋滤筒＋高效过滤器"处理工艺，酸雾采用二级碱液喷淋处理工艺，确保废气达标排放。厂区内已建有一座100立方米/小时铅酸废水处理站、同时配套40立方米/小时中水回用系统一套和110立方米/天地埋式洗浴、洗衣废水生化处理系统一套，工业含铅废水与生活污水（厕所、食堂）分别进行收集及治理。铅尘、铅渣、含铅污泥、涉铅劳保用品等危险废物分类存放，设置专门危险废弃物存放仓库进行存放，委托有资质处置单位进行安全处置，并严格执行国家危险废弃物转移单制度。

六十一、万事利丝绸：建立丝绸剩余纤维、面料回收模式

编者按： 万事利在丝绸围巾的绿色设计过程中，一方面选用6A级别的蚕丝进行制造，极大降低生产过程中的损耗率；另一方面，建立丝绸剩余纤维、面料的回收再利用模式。产品原料100%取自天然纤维，副产品100%可回收利用。万事利在丝绸制品方面的发展经验可为传统丝绸制品生产企业绿色发展提供借鉴。

万事利集团有限公司（简称"万事利"）创办于1975年，是一家以丝绸文化创意为主业，辅以生物科技、资产经营、金融管理等产业的现代化企业集团。

万事利挖掘、传承及弘扬中国丝绸文化，将传统丝绸与文化创意、高科技相结合，在传统丝绸面料、丝绸服饰的基础上，拓展开发出了丝绸文化产品、高端丝绸装饰品及丝绸艺术品三大创新领域，并通过品牌化和信息化建立新的商业模式，从产品制造走向文化创造，走出了一条丝绸企业转型升级的新路子，不仅实现了文化价值，而且也实现了更高的经济价值。万事利拥有强大的丝绸科研技术队伍及设计开发队伍，有科研技术队伍专职工作人员200人，设计开发团队现有设计师150人。丝绸围巾（90厘米×90厘米等常规尺寸）是由万事利生产的绿色设计产品。

（一）选用6A级别的蚕丝进行织造，极大降低生产过程中的损耗率

万事利从源头控制产品原材料的选择，在织绸环节就要求供应链企业必须选用6A级别的蚕丝进行织造，以保证能够减少坯绸次品，在印染加工环节提升产品的质量，大大降低生产过程中的损耗率。严格规范万事利丝绸产品的供应链清洁生产，要求全产业链均不能采用燃煤等具有高污染性、利用率低的能源，优先采纳采用天然气等清洁生产能源的供应商，并将这些要求纳入万事利产品制造体

系。在产品制造环节，基于绿色设计技术的要求，针对智能化的数码印花设计与制造技术、降低氨氮排放工艺技术、节水降耗工艺技术开展创新，达到提升生产效率，增加水的回收利用和废水处理能力，在尿素的替代上也有了新的突破。

（二）建立丝绸剩余纤维、面料的回收再利用模式

万事利建立健全丝绸剩余纤维、面料的回收再利用模式，主要回收利用蚕丝面膜提取丝胶蛋白后的丝素纤维，将提纯后无法利用的丝素纤维进行再利用，通过开苞梳理工艺，制备出蓬松、纤维长度较长、丝强度较好的蚕丝被，以达到废弃丝绸生态化"无废物"处理的生态设计目标。

六十二、大染坊三件套：开展智能化宽幅真丝面料设计技术创新

编者按： 淄博大染坊在真丝婴儿三件套的绿色设计过程中，一方面开展智能化宽幅真丝面料设计与制造技术创新，另一方面对生产丝绸产品过程中的剩余纤维、废料进行回收再利用。产品原料100%取自天然纤维，副产品100%可回收利用。淄博大染坊在丝绸制品方面的发展经验可为传统丝绸制品生产企业绿色发展提供借鉴。

淄博大染坊丝绸集团有限公司（简称"淄博大染坊"）丝绸面料织造产量位居全国首位；是全国宽幅真丝家纺面料的龙头企业；是江北规模及产能最大的丝绸印染生产企业；是全国唯一的具有缫丝、织造、练印染、筒丝染色、长车轧染、家纺制品、丝绸工艺品、国内外贸易完整产业链的丝绸生产企业。

公司现有各类生产设备1500台（套），拥有国际先进水平的意大利舒美特等各类剑杆织机300余台，其中电子宽幅大提花织机28台，企业织造年产能为1600万米，其中年产宽幅提花真丝家纺面料100万米，真丝绸800万米，真丝用量800吨；年产厂丝350吨，色丝800吨；人造丝及合纤织物600万米；练白真丝绸2000万米；染色丝织物3300万米；印花面料600万米；棉麻类染色织物2000万米；各类家纺服装制品及文化创意产品200万件（套）。真丝婴儿三件套是由淄博大染坊生产的绿色设计产品。

（一）采用节水型清洗槽，以蒸汽作为加热介质

诺宝·丝邦真丝婴儿三件套严格按照绿色要求、环保标准实施了全过程的有效控制。从源头控制产品原材料的选择，在缫丝环节设备采用节水型清洗槽，选用蒸汽作为加热介质，废水排放量远低于丝绸产品国家标准排放量。缫丝基地位于广西上林县，环境得天独厚，山清水秀，保证了原料的绿色纯正品质。在蚕丝

面料织造环节要求织造部门必须选用 6A 级别的蚕丝进行制造，设备采用国际先进的意大利产 SILVER501-3400 剑杆织机及其配套设备，使用电力作为驱动能源，低能耗、高效率，以保证坯绸必须达到优等品标准。在印染加工环节通过质量管理体系加强了各环节的质量控制，严格执行生产前预防、生产中控制、生产后把关的质量宗旨，提升产品的质量，大大降低了生产过程中的损耗率。印染设备选用国内新型的小浴比染色机，采用短流程生物酶处理工艺，做到了低耗、低排。

公司严格规范诺宝·丝邦真丝婴儿三件套产品的产业链清洁生产，要求全产业链均不能采用燃煤等具有高污染性、利用率低的能源，优先选用天然气等清洁生产能源，顺利通过清洁生产认证审核。在缫丝、织造、印染等工艺环节，严格执行国家标准 GB/T 18916.21-2016《取水定额 第 21 部分：真丝绸产品》中的取水要求，同时，对于水的回收利用均要求达到 90% 以上。以宽幅真丝面料生产技术为核心，通过生物酶应用、低温练漂工艺、小浴比染色、激光印染等清洁化改造工艺等技术，做到低排水、低能耗。甄选采用国际先进的染化料、助剂，满足国家环保要求，且必须满足 GB/T 18401-2010《国家纺织产品基本安全技术规范》。筛选染料助剂时，且需要拥有对所使用染料助剂的安全使用证书，供应商必须提供不含禁用化学品的第三方出具的检验合格报告。

（二）开展智能化宽幅真丝面料设计与制造技术创新

淄博大染坊的产业链中要求上游部门选用用量少、上染率高、末端排放量少的染化料助剂。在产品制造环节，基于绿色设计技术的要求，围绕三个方面，开展了绿色设计技术创新，包括：①智能化宽幅真丝面料设计与制造技术；②降低氨氮及其他指标排放工艺技术；③节水降耗工艺技术，从而提升生产效率，增加水的回收利用和废水处理能力。在达标排放方面，根据环保部门的要求，安装了 VOCs、COD、总磷、总氮、氨氮的在线监测，在厂区外、检测平台上实时进行公示，接受社会监督。为构建绿色工厂，提高资源的重复回收利用率，淄博大染坊主动与国内高等院校及科研机构开展了相关领域的合作，在印染废水的深度处理及电解回用上与天津工业大学的合作研究也有了新的突破。生产过程的包装、运输材料，包括纸箱、木箱、化学桶都重复进行多次利用。不能利用的环保材质进行集中回收再处理，确保废弃物的最小化。生产车间产生的固体、液体废弃物也统一归集后由第三方公司进行统一的废旧处理。

(三) 对生产丝绸产品过程中的剩余纤维、废料进行回收再利用

淄博大染坊建立健全丝绸产品剩余纤维、废料的回收再利用模式，一是将无法利用的丝素纤维进行再利用，通过开苞梳理工艺，制备出蓬松、柔韧度较好、丝强度较好的被芯；二是继续提高在丝胶废水中丝胶蛋白的回收利用处理应用，将丝胶蛋白通过后整理工艺应用到纯棉及其交织家纺面料上，将无法利用的丝胶蛋白残液通过烘干—过滤—提纯工艺，制备出高蛋白生物饲料，在农业培育、生物养殖等方面加以利用，以达到废弃丝绸生态化"无废物"处理的生态设计目标。对于外包装的采用也遵循减少包装材料消耗、包装容器的再填充使用，以及包装材料的回收循环使用，将原有的包装换成更具轻量化的新包装，包装盒用量也由原来的 300 克下降至 250 克。

六十三、大禹中央水机：采用 SCC 浓水回收技术

编者按：山东大禹在中央水机（DYZY-NF-500）的绿色设计过程中，一方面采用"SCC 浓水回收技术"，极大提升产水水效；另一方面，采用"纳滤＋软化＋浓水回收＋连锁式自控"为核心的系统集成技术。产品累计净水量为 4380000 升，待机功率为 4.3 瓦。山东大禹在纯净水处理器方面的发展经验可为传统纯净水处理器生产企业绿色发展提供借鉴。

山东大禹水处理有限公司（简称"山东大禹"）成立于 1997 年，位于山东省泰安市大汶口工业园。山东大禹致力于水处理领域的应用研究，在工业循环水、污水深度处理与中水回收利用、给水等领域提供从化学品到水处理设备、从整体设计到安装调试、从技术支持到总包运行的整体解决方案，形成了以"大禹 141 节水运行工艺"、PC 总包运营模式为核心的技术特色、运营特色，在我国工业水处理领域处于领先地位。

山东大禹是全国水处理行业骨干企业、山东省水处理行业领军企业、泰安市水处理行业龙头企业。公司拥有具有国际先进水平的科研成果 1 项，国内先进水平科研成果 6 项。拥有发明专利 6 项，实用新型专利 7 项。公司拥有一批高素质的科研、服务专家，先进的分析监控手段和完善的质量保障体系；聘有多名资深专家提供技术支撑；与中科院、中石化设计研究院、青岛科技大学、山东大学、同济大学、山东农业大学、泰山医学院等有密切产学研合作关系，已形成了相对完善、独具特色、技术领先的"大禹特色工艺与技术"。

中央水机（DYZY-NF-500）是由山东大禹生产的绿色设计产品。中央水机及直饮水系统是山东大禹在引进以色列先进技术的前提下，经消化吸收、自主研发设计的直接饮用水专用设备。中央水机包括多介质过滤、活性炭吸附、微滤、

软化、膜过滤、紫外线杀菌、浓水回收、再生与反洗、自动控制系统九个单元组成，可以高效去除水中悬浮物，有效降低浊度，去除水中重金属离子及苯酚等有机物，保留对人体有益的部分矿物质及微量元素、彻底杀灭细菌及病毒等有害物质，供使用者直接饮用。为用户解决低品质、高硬、重金属离子、有机物、微生物滋生、口感较差等水质问题，同时改变现在市场上家用等小型水处理装置产水量低、排污量大、大量浪费水资源的高耗水弊端以及大型水处理装置按工业设备生产无法保障产水安全且必须有专业人员值守等问题。

（一）采用"SCC 浓水回收技术"，极大提升产水水效

"大善若禹牌"中央水机，在工艺设计中利用"SCC 浓水回收技术"将部分含盐量高的纳滤浓水，对石英砂过滤器、活性炭过滤器进行反洗，大量节省原水的消耗量，从而提高水的利用率。采用石英砂过滤和活性炭过滤，运行过程中根据设备运行情况进行自动反冲洗，避免了直饮水设备需经常更换滤芯，造成大量滤芯没有及时更换的难题。产水水效达到80%以上，剩余20%的废水，通过处理后可用于消防水池补水、喷淋、拖地用，综合用水可达到"零排放"。

（二）采用"纳滤＋软化＋浓水回收＋连锁式自控"为核心的系统集成技术

"大善若禹牌"中央水机，通过"纳滤＋软化＋浓水回收＋连锁式自控"为核心的系统集成技术，使设备自动化、智能化运行，保障设备在运行过程中无须投加任何化学药剂（如阻垢剂），确保产水无任何二次化学药剂的污染。

六十四、天云净化器：自主研发高分子 复合甲醛强氧化剂

编者按：黑龙江天云环保科技有限公司在空气净化器（净境+牌 TY-ZJ003）的绿色设计过程中，一方面采用"三重滤网"，实施"八级净化"；另一方面，利用自主研发材料高分子复合甲醛强氧化剂，有效去除甲醛。产品除菌率大于99%，噪声声功率为 60 dB（A）。黑龙江天云环保科技有限公司在空气净化器方面的发展经验可为传统空气净化器生产企业绿色发展提供借鉴。

　　黑龙江天云环保科技有限公司是一家专业生产空气净化设备的高新技术环保企业，主要为商业应用场所以及工业应用场所的全系列空气质量问题提供解决方案，产品广泛应用于高级宾馆、甲级写字楼、星级酒店、铁路交通及工业焊接厂房等处。公司通过了 ISO9000 质量体系认证，有齐备的钣金加工设备，精密的质量检测设备和管理严格的成品组装线。公司自主研发的焊接机器人一体化静电除尘工作站已获得国家实用新型专利，填补国内焊接机器人焊接烟尘捕获难、治理难的问题，并与哈尔滨工业大学先进焊接与连接国家重点实验室达成战略合作伙伴关系，持续为自动焊接行业提供全面的除尘治理解决方案。空气净化器（净境+牌 TY-ZJ003）是由黑龙江天云环保科技有限公司生产的绿色设计产品。

（一）利用自主研发材料高分子复合甲醛强氧化剂，有效去除甲醛

　　"净境+"空气净化器可以有效去除空气中的 PM2.5、甲醛、TVOC、花粉孢子、细菌和病毒等挥发性有机化合物等有害气体，除甲醛利用自主研发材料高分子复合甲醛强氧化剂，利用化合法将甲醛分解成乙酸（醋的主要成分）、二氧化碳和水，有效去除甲醛，不产生二次污染。结构智能化，可实

现遥控器遥控、手机 APP 远程遥控，智能液晶显示屏，实时显示室内空气指数。

（二）采用"三重滤网"，实施"八层净化"

"净境+"空气净化器采用"三重滤网"，实施"八层净化"。第一层免更换预过滤网，过滤大颗粒物、毛发、花粉，同时对进入的无序空气产生均流作用。第二层原装进口高效 HEPA 过滤网，滤除空气中的颗粒物（如 PM2.5）、细菌和病毒等有机体，净化等级 H12，仅次于医疗级净化。第三层自主研发高分子锰银复合（甲醛）强氧化剂，可在常温条件下反应的强氧化剂，在反应过程中，将甲醛分解成乙酸（醋的主要成分具有杀菌功能），微量二氧化碳和水，有效时间长达 1~3 年。第四层碘吸附值大于 1200 毫克/克进口椰壳活性炭，有效利用活性炭颗粒的超强物理吸附能力吸附空气中的烟和异味等。第五层活性炭纤维毡，有效去除空气中各种有害恶臭物质、刺激性致癌物质、芳香族类的化合物（如苯类、醛类）等。第六层负离子发生器，除尘、灭菌、净化空气，同时激活空气中的氧分子而形成携氧负离子，改善人体肺部功能，促进新陈代谢，调节中枢神经系统，使人精神焕发、充满活力。第七层双段板式静电集尘，利用静电吸附的原理，捕获空气中 0.1 微米以上的颗粒物，强效去除香烟烟雾、杀死空气中的细菌。第八层杀菌紫光灯，紫光灯发出的光线会引起病菌某些蛋白质结构改变而失效，导致病菌进入不正常状态，从而起到杀菌的作用。

六十五、容声冰箱：借助 CAE 仿真分析
进行绿色设计

编者按：海信容声（广东）冰箱有限公司在容声电冰箱（BCD-442WKM1MPGA）、（BCD-460WSK2FPGA）、（BCD-551WKK1FPGA）、（BCD-663WKK1FPMA）、（BCD-636WD11HPA）的绿色设计过程中，一方面借助 CAE 仿真分析，对产品包装材料进行优化设计，另一方面对生产过程中的边角料实施二次利用。产品运行噪声不大于 38~43dB（A），可再生利用率不低于 73%。海信容声（广东）冰箱有限公司在家用电冰箱方面的发展经验可为传统家用电冰箱制造企业绿色发展提供借鉴。

　　海信集团成立于 1969 年，拥有海信电器和海信家电两家上市公司，拥有海信、科龙、容声、东芝电视等多个品牌，已形成了以数字多媒体技术、智能信息系统技术、现代通信技术、绿色节能制冷技术、城市智能交通技术、光通信技术、医疗电子技术、激光显示技术为支撑，涵盖多媒体、家电、IT 智能信息系统和现代地产的产业格局。

　　海信容声（广东）冰箱有限公司是海信集团下属的重要白电产业板块，旗下拥有海信、容声两个品牌，主营业务涵盖了冰箱、洗衣机、冷柜、酒柜等白色家电领域产品的研发、制造、营销和售后服务，产品远销欧美、非洲、东南亚等国家和地区。目前，海信、容声两个品牌年产冰箱 1100 万台、洗衣机 260 万台、冷柜 210 万台，拥有平度、顺德、扬州、成都、长兴五大生产基地，全面满足不同国度和地域消费者的需求，致力于为全球消费者提供最好的产品和服务，在国内市场占有领导地位。海信冰箱公司拥有国家级企业技术中心，并在全球建立四大研发中心：青岛、顺德、美国和德国，研发人员规模达 600 人，在国内外与顶尖高校建立长期合作关系，技术创新能力稳居前茅，时刻与世界主流家电技术保持同步，在冰箱"环保""节能""保鲜""智能化"等领域不

断钻研，推进着研究成果的不断创新，致力提升人们的生活品质。容声电冰箱（BCD-442WKM1MPGA）、（BCD-460WSK2FPGA）、（BCD-551WKK1FPGA）、（BCD-663WKK1FPMA）、（BCD-636WD11HPA）是由海信容声（广东）冰箱有限公司生产的绿色设计产品。

（一）选用环境性能友好的原材料

容声电冰箱选用环境性能友好的原材料，所用大宗原材料来自全球知名生产企业（如 BASF、DOW），建有 RoHS 实验室及相对完善的来料、生产、采购质量管理体系，能够实现来料批次、生产过程的质量监控，杜绝使用不合格的原料（来料检验合格率达到 99.998% 以上），确保绿色生产。同时，对于产品有毒有害化学物质的限用要求，制订了有害物质削减计划及企业标准（如 Q/HKB J16001《零部件及原材料中有害化学物质含量规定》、Q/HKB J18001《与食品接触材料与制品卫生标准》《有害物质管理清单》），要求各供应商对材料、零部件进行严格的质量控制。并且，公司还会对冰箱产品的整机及零部件材料不定期委托第三方检测机构进行检测（如 TUV 莱茵、法国 BV、华测 CTI 等），整体评估是否符合国内、国外相关指令或法规的要求，如发现有不合格项，则会尽快分析原因并要求相关供应商整改，以确保产品不出现有害物质或限量超标的情况。

（二）借助 CAE 仿真分析，对产品包装材料进行优化设计

公司借助 CAE 仿真分析，对产品包装材料的厚度、密度、结构进行优化设计，并进行运输、跌落试验，防止过度包装，确保产品满足恶劣运输条件下的有效防护，实现包装材料的适度、实用。推广应用便于回收及可循环再利用的由柔性纸芯与面纸制成的纸护角，替代 EPS 塑料泡沫缓冲垫，有效减少白色污染。

（三）对生产过程中的边角料实施二次利用

容声电冰箱的塑料制件有回收标志，标明材质，便于废弃后的回收利用。对于生产过程中边角料，例如，内胆（箱胆、门胆，材质 HIPS）、注塑件（抽屉、搁架、装饰条等，材质 HIPS、GPPS、PP、PE）等相关制件在加工过程中的边角料，在厂区内部实现二次利用，重新破碎、增韧后按规定的比例添加，进行新制件加工，确保在不影响性能的前提下，节约资源。

六十六、爱启净化器：构建工厂直发消费者的新型物流模式

> **编者按**：爱启环境在空气净化器（岚系列 AC-L35）的绿色设计过程中，一方面采用绿色环保塑料 PP（聚丙烯）材质，另一方面构建从工厂直发给消费者的新型物流模式。产品除菌率大于 99%，噪声声功率不大于 52~ 67dB（A）。爱启环境在空气净化器方面的发展经验可为传统空气净化器生产企业绿色发展提供借鉴。

上海爱启环境技术工程有限公司（简称"爱启环境"）创始于 2003 年，是一家专业从事研发、设计、制造、销售空气净化产品和水处理、厨房油烟油水、工业废气及除臭等解决方案的高科技企业。公司与各大院校、设计单位密切合作，锐意进取，不断合作、重点研发与人民生活环境质量密切相关的高新科技产品，目前已成为业内一流的空气净化方案提供商。

爱启环境以独有的国家发明专利 SNEP 技术和 NAPHO 技术为基础，独创研发了全系列净化产品，为客户提供全方位空气净化智能解决方案。创新的空气净化解决方案，可将空气中常见的气、固态污染物（如病毒、臭味、甲醛和 PM 2.5 等）一网打尽，其优异的杀菌、除霾和去甲醛性能，及零耗材、智能控制等特点，不仅获得了权威机构的检测认证，也得到了众多知名用户（如上海中心、上海迪士尼等）的认可与好评。

爱启环境的产品形式灵活多样，有吊顶式、挂壁式、移动式，或结合空调、新风及特殊定制模块等，可广泛应用于中央空调净化系统、空气或恶臭气体除臭净化装置、室内空气净化、工业废气处理、厨房油烟处理、景观水处理、中水回用、雨水利用以及食品生产加工、医疗保健行业等领域。空气净化器（岚系列 AC-L35）是由爱启环境生产的绿色设计产品。

（一）采用绿色环保塑料 PP（聚丙烯）材质

爱启环境从设计时就考虑到产品材质的绿色环保等因素，爱启 SNEP 过滤器及岚系列净化器产品均采用绿色环保塑料 PP（聚丙烯）材质，确保以最小的污染代价创造更好的环境。同时，在生产工艺上采用先进工艺进行加工处理，以确保在产品的整个生产过程中做到低能耗和无排放的目标。

（二）构建从工厂直发给消费者的新型物流模式

为了达到减少排放的目的，爱启环境创新式地减少了商品的流转次数，改变原本从生产厂到销售公司、代理商、经销商、零售终端等多次反复运输的传统流转模式，缩减为从工厂直发消费者的直通模式，即减少了不必要的物流费用开支，又大大地降低了因为多次物流给环境造成的污染。经粗略计算，每一台从工厂直送到消费者手中的产品至少可以减少碳排放 5.8 千克。

六十七、海尔冷冻箱：集成变频、降噪、节能、速冻技术

编者按：青岛海尔在无霜冷藏冷冻箱（BCD-262WDGB）的绿色设计过程中，一方面给每一种食材提供专属温区，另一方面化霜前判定冰箱内的温度，并进行预制冷。产品运行噪声为 38 dB（A），可再生利用率不低于 73%。青岛海尔在家用电冰箱方面的发展经验可为传统家用电冰箱生产企业绿色发展提供借鉴。

青岛海尔股份有限公司（简称"青岛海尔"）是为全球用户定制美好生活解决方案的智慧家庭生态品牌商，总部位于中国青岛。公司设计、制造及销售包括冰箱、洗衣机、空调、热水器、厨电及小家电等种类齐全的智慧家电，同时还专注于渠道综合服务业务。公司成立于 20 世纪 80 年代，并于1993 年在上海证券交易所上市。公司始终秉承"以用户为是，以自己为非"的理念，历经了五个战略发展阶段：名牌战略、多元化战略、国际化战略、全球化品牌战略、网络化战略阶段。

青岛海尔通过自身持续耕耘，并先后收购重组日本三洋白电业务、通用电气家电业务（GEA）、新西兰家电品牌斐雪派克（FPA），在全球构建了研发、制造、营销"三位一体"的竞争力，实现世界级品牌的布局与全球化运营，满足全球 100 多个国家的用户个性化需求。无霜冷藏冷冻箱（BCD-262WDGB）是由青岛海尔生产的绿色设计产品。

（一）实现全频控制

无霜冷藏冷冻箱（BCD-262WDGB）集变频、降噪、节能、速冻等技术于一身，且互相促进，性能更加优越。冰箱根据箱内温度与设定温度比较，自动调节变频压缩机的工作效率，使冰箱运行一直处于最优状态。

（二）给每一种食材提供专属温区

不需要人为调节，冰箱根据箱内温度及环境温度条件自动调整到最佳制冷效果。超宽幅变温室，冷藏、冷冻自由组合，可实现 179 升超大冷藏室，121 升冷冻空间，还可调至 0 ℃保鲜、软冷冻，根据不同食物进行智能调节，找到理想的保鲜温度，锁住营养，给每一种食材提供专属温区。

（三）化霜前判定冰箱内的温度，并进行预制冷

无箱冷藏冷冻箱（BCE-262WDGB）能在化霜前判定冰箱内的温度，并进行预制冷，使化霜后箱内温度没有较大幅度的改变，利于食品的保鲜。在冷藏室回风口设置低温除臭触媒，有效去除冰箱使用过程中产生的异味。

六十八、海尔冰箱：采用 ABT 净化系统

> **编者按：**青岛海尔在无霜冷藏冷冻箱（BCD-415WDVC）的绿色设计过程中，一方面在冷冻室、变温室、冷藏室实现温度独立调节，另一方面采用 ABT 净化系统，长效抑菌增鲜。产品运行噪声为 36 dB（A），可再生利用率不低于 73%。青岛海尔在家用电冰箱方面的发展经验可为传统家用电冰箱生产企业绿色发展提供借鉴。

青岛海尔股份有限公司（简称"青岛海尔"）是为全球用户定制美好生活解决方案的智慧家庭生态品牌商，总部位于中国青岛。公司设计、制造及销售包括冰箱、洗衣机、空调、热水器、厨电及小家电等种类齐全的智慧家电，同时还专注于渠道综合服务业务。公司成立于 20 世纪 80 年代，并于 1993 年在上海证券交易所上市。公司始终秉承"以用户为是，以自己为非"的理念，历经五个战略发展阶段：名牌战略、多元化战略、国际化战略、全球化品牌战略、网络化战略阶段。

青岛海尔通过自身持续耕耘，并先后收购重组日本三洋白电业务、通用电气家电业务（GEA）、新西兰家电品牌斐雪派克（FPA），在全球构建了研发、制造、营销"三位一体"的竞争力，实现世界级品牌的布局与全球化运营，满足全球 100 多个国家的用户个性化需求。无霜冷藏冷冻箱（BCD-415WDVC）是由青岛海尔生产的绿色设计产品。

（一）在冷冻室、变温室、冷藏室实现温度独立调节

无霜冷藏冷冻箱（BCD-415WDVC）配备风冷单系统，即高效变频压缩机、变频风机组成的高效系统，能够节能、降噪，同时提升制冷效果。冷冻室、变温室、冷藏室可以实现温度独立调节，冷冻室温度可以在-15℃~

-24℃任意可调，变温室温度可以在-20℃~5℃任意可调，冷藏室温度可以在1℃~9℃任意可调。在速冻功能下，冷冻室内的温度可以迅速降至-24℃，满足快速冷冻食品的要求。在速冷功能下，冷藏室内的温度可以迅速降至设置温度，满足快速冷却食品的要求。

（二）采用 ABT 净化系统，长效抑菌增鲜

无霜冷藏冷冻箱（BCD-415WDVC）可以根据环境温度和箱内温度，自动控制在适合的温度，不需要人工设置挡位。采用 ABT 净化系统，采用动态瞬时灭菌科技，长效抑菌增鲜。通过微风路送风，营造食材精致微环境，在水分和气压的调节下，达到食材专属湿度要求，实现干湿分储。

绿色园区篇

　　绿色园区是突出绿色理念和要求的生产企业和基础设施集聚的平台，侧重于园区内工厂之间的统筹管理和协同链接。为加快推动绿色制造体系建设，打造一批绿色园区先进典型，促进典型经验和发展模式交流，本篇综合考虑地区、行业、发展模式的差异，共选取10家国家级绿色园区，总结这些园区在绿色发展过程中的有效做法和实施成效，以期为更多的园区实现绿色发展提供借鉴。

六十九、榆林经开区：积极推动 "黑色产业" 绿色发展

> **编者按：** 榆林经开区位于陕西省北部，晋、陕、蒙三省（区）接壤地带，区内及周边地区煤、气、油、盐等矿产资源富集，能源化工产业发展环境优异。榆林经开区在绿色发展过程中，一方面严格实行煤炭就地转化政策，改变粗放的挖煤和卖煤，使主要煤炭资源得到保护和分质高效利用；另一方面积极实施废水零排放、煤矿不见煤、电厂不冒烟（黄烟）、废渣变建材，实现"黑色产业"绿色发展。榆林经开区在工业绿色发展、能源和资源的循环利用、构建工业绿色制造体系等方面的发展经验可为园区绿色发展提供借鉴。

榆林经济技术开发区（简称"榆林经开区"）是国家级经济技术开发区、国家新型工业化产业示范基地，属陕北能源化工基地的核心组成部分，其前身为神府经济开发区，现已成为陕西投资最活跃、能源产业特色最明显的开发区。

1994 年 9 月 7 日，原陕西省计划委员会以《关于设立神府经济开发区的批复》（陕计国〔1994〕647 号）批准设立神府经济开发区，定位为省级开发区。2009 年，为加快国家能源化工基地建设，经陕西省政府批准，在原神府经济开发区的基础上进一步拓展板块，成立新型园区榆神工业园。榆神工业区管委会与神府经济开发区管委会组成一套班子对区内党的建设、经济发展和社会事业实行统一领导、统一规划、统一建设、统一管理。2013 年 1 月，经国务院批复神府经济开发区升级为国家级经济技术开发区（国办函〔2013〕20 号），定名为"神府经济技术开发区"。2015 年 4 月，经国家商务部批复神府经济技术开发区更名为"榆林经济技术开发区"（商资函〔2015〕

142 号）。

　　榆林经开区位于榆林市区与神木县城之间，交通便捷、资源富集。近年来，园区先后引进神华、陕煤、延长、中电投、上海航天机电、陕能源、陕西环保集团等国内外知名企业入驻，形成以重大项目为龙头，骨干项目为支撑，各类产业项目协调发展的良好态势。园区内累计落地项目 152 个，招商引资 3073 亿元，完成投资 1300 多亿元，入区工业企业达到 300 多户，规模以上企业 65 户，产值上亿元企业 30 户。

　　园区坚持"绿色、低碳、循环"的发展理念，按照"大集团引领、大项目支撑、大园区承载、集群化发展"的发展模式，全面实施"人才强区、优势促进和科技引领"三大战略，积极打造全国能源科技示范基地、全国太阳能光伏产业基地、全国煤炭采空区综合治理示范基地、全国工业区城乡统筹发展示范基地四大示范基地，大力发展煤炭、煤电、煤（盐）化工、装备制造业、新能源新材料、现代物流、文化、现代特色农业八大产业。

（一）大力引进国内外技术先进的大型能源化工项目，资源利用率得到有效提升

　　园区严格实行煤炭就地转化政策，改变粗放的挖煤和卖煤，使主要煤炭资源得到保护和分质高效利用。天元化工中温煤焦油轻质化项目采用了国际领先的"块煤干馏后中低温煤焦油制取轻质化燃料工艺技术"，使产品收率达到 96%，其中油品收率为 80%，石油焦收率为 16%。神华神木化工是国内首个大型煤化工甲醇生产项目，自项目建设以来，神木化工总共获得国家授权专利 40 余项，其中 20 余项与节能减排相关。富油能源坚持走自主研发和合作开发的科技创新之路，采用了"煤焦油电场净化技术""煤焦油加氢多产柴油技术""煤固体热载体快速热解技术"等一系列具有自主知识产权的节能技术，极大地降低了生产过程中的能源消耗。园区进一步引进了一批具有国内外先进技术的大型能源化工项目，有神华煤炭综合利用项目、延长煤炭综合利用项目、陕煤煤炭分质清洁高效利用项目等，随着这些项目逐步建设，园区在降低能耗和节约资源方面将走在全国的前列。电厂空冷机组较水冷机组节水 70% 以上，吨甲醇耗煤控制在 1.65 吨以下，水耗控制在 10 吨以下，亚临界机组发电煤耗每度低于 300 克。煤炭变为电、热、油、化工产品，通过分质高效利用，价值较卖原煤高出至少 5 倍，煤制烯烃实现后，附加值进一步提升。

（二）鼓励创建绿色工厂，打造多联产耦合性新型能源化工产业链

园区企业强制推行清洁生产市检和职业安全、健康、卫生和环境体系认证。做到废水"零排放"、煤矿不见煤、电厂不冒烟（黄烟）、废渣变建材，实现"黑色产业"绿色发展；废气全部进行除尘、脱硫和脱硝；园区创建无泄漏工厂和清洁文明工厂；厂区绿化率达到35%，建花园式工厂，经济与环境相协调，实现生态文明。

园区以神华榆林循环经济煤炭综合利用项目延长西湾榆神煤炭资源清洁综合利用项目为抓手，重点发展技术含量和附加值高、耗水量相对较少的项目，建设规模经济、技术先进、清洁生产、循环经济特色鲜明的新型能源化工生产基地。园区陕煤北元化工集团、陕煤天元化工集团两家企业已通过国家级循环经济标准化试点验收，陕煤北元化工集团2013年被认定为陕西省高新技术企业，2014年被认定为省级企业技术中心，2017年被认定为第一批绿色工厂建设示范企业。神木金联粉煤灰制品项目占地500余亩，总投资2.8亿元，项目利用神华锦界电厂排出的废渣制砖，年可制砖4.5亿块，同时消耗粉煤灰160万吨，炉底渣40万吨，脱硫石膏30万吨，电石渣50万吨，节约生产黏土砖浪费的土地资源150万立方，节约标准煤3.5万吨，减少二氧化碳排放9.5万吨，减少二氧化硫排放960吨，粉煤灰综合利用项目在生产过程中不产生烟、气及固体废料的外排，不造成二次污染。陕煤北元化工集团电石渣综合利用水泥项目，占地面积258000平方米，总投资额为74471.89万元，项目采用新型干法水泥生产工艺，将PVC生产中产生的废渣电石泥全部用于生产水泥，混合材料采用热电厂的粉煤灰，设计规模为年产硅酸盐水泥熟料180万吨，通用硅酸盐水泥240万吨，为公司每年增加650万元经济收入。

围绕新型能源化工产业发展，园区企业上下游配套，原料互供，资源循环利用，真正做到能量梯级利用。形成煤、兰炭、焦油、盐、化工、气、热、电等多联产耦合性新型能源化工产业链，走出了"减量化、再利用"的节能节水新路径。将煤转化为化工产品和清洁能源，废气经过变压吸附制取氢气，用于煤焦油加氢；废气和余热发电，为载能工业提供动力；废气二氧化碳与甲醇合成碳酸二甲酯；实现了高碳区打造低碳经济。化工废渣全部用于制水泥和空心砖，废水全部回收利用。

（三）开发利用新型能源，大力发展光伏产业

园区积极响应国家能源发展战略和国家产业政策，将可持续发展作为园区规划的重点方向。2013 年，园区管委会投资近 2000 万元建设地源热泵系统项目，项目采用地源热泵空调系统为 9 层的清水工业园创业服务中心和 26 层的创业大厦进行能源供应，合计面积达 71996 平方米。与传统锅炉相比，地源热泵机组运行时不消耗水，也不需要锅炉和冷却塔，更不需要堆放燃料废物的场地，环保效益显著。地源热泵的污染物排放相比电供暖减少了约 70%，节能率约 50%。

园区大力发展太阳能光伏产业，2012 年，园区管委会专门成立了光伏产业办公室，2013 年，委托西北电力设计院编制完成了《光伏产业十年发展规划》，委托榆林供电公司编制了全区光伏电站接入方案，园区自主编制完成了《关于申请设立国家级煤矿采空区光伏产业示范基地的实施方案》，集中规划在煤矿采空区和备采区建设大型地面光伏电站。

2015 年，陕西省装机规模最大的光伏电站榆神协合生态 200 兆瓦功率光伏发电站并网运营；榆神光伏 330 千伏升压站已建成，解决了光伏并网问题；中电投 200 兆瓦功率林光互补项目和榆林太科 50 兆瓦功率项目已建成并网试运行，锦阳 100 兆瓦功率项目即将建成。引进青岛昌盛日电开展光伏农业大棚一体化产业，完成了该项目投资协议的签订、选址、土地租金谈判等工作。截至 2016 年，已入园太阳能光伏项目 23 个，总投资 225 亿元，总装机容量达到 2500 兆瓦功率。开工项目 8 个，并网 4 个，共计 550 兆瓦功率，占地 18669 亩，累计完成投资 31.95 亿元。

（四）依托能源科技中心和企业研发平台，园区企业技术研发成效显著提升

依托园区能源科技中心和企业研发平台，园区企业取得了 170 多项国家发明专利，其中粉煤干馏热解项目获得 5 项国家发明专利，1 万吨煤气化废渣脱碳项目获得 2 项国家发明专利。煤气全循环系统项目已具备工业化转化条件。6000 吨/年回转炉粉煤热解中试项目、1 万吨/年煤气化废渣高效利用

中试项目、3000 吨/年低灰煤制备铸造焦工业示范项目、榆林长焰煤制石墨项目 4 个项目正在开展中试试验。复合法油尘分离项目、三嗪醇项目、功能化离子液体脱除二氧化硫技术、"固定床+重油洗除尘项目"、内构件移动床面煤干馏项目 5 个项目已具备试验示范条件，广东衡溢面煤热解项目技术研发即将完成，正在筹备建立园区"众创空间"企业孵化基地。

七十、邹城工业园区：构建余热循环利用产业链

编者按：山东邹城工业园区位于山东省邹城市太平镇，规划建立高科技化工、健康医药和新材料三个专业化产业基地。山东邹城工业园区在绿色发展过程中，一方面加强供热管网和余热回收管网建设，形成发电厂蒸汽–企业利用–发电厂余热回用的余热利用循环链；另一方面，重视资源利用效率，提高产业链关联度。山东邹城工业园区在优化产业结构、构建循环经济产业链、清洁生产等方面的发展经验可为园区绿色发展提供借鉴。

山东邹城工业园区（太平镇）位于山东省济宁市邹城市西部，地处邹城、任城、微山、兖州四地交界处，是镇园合一的新型乡镇。目前，镇域总面积130.6平方千米，辖92个行政村，社会总人口13.6万人，园区规划面积23.48平方千米。

山东邹城工业园区成立于2003年7月，2006年8月山东省政府以《山东省人民政府关于山东青岛临港经济开发区等设立省级开发区的通知》（鲁政字〔2006〕194号）批准园区为省级工业园区，同年经国家发改委审核通过，规划面积3.29平方千米（北起里彦发电公司北界，西至马街村，南至宏发砖厂南，东至秦石村）。2009年，为满足园区发展的要求，园区编制了《邹城市邹城工业园区总体规划》（2009－2030年），原邹城工业园区、太平镇、平阳寺镇合并成立邹城工业园区（太平镇），成为济宁市首批镇园合一的新型乡镇，园区范围变更为北至富北路，南至临菏路，西至兴邹路，东至白马河。2014年，总体规划重新修订，工业园区范围变更为北至富北路，南至临菏路，西至兴邹路，东至兴港路，规划总用地面积20.08平方千米。2018年，总体规划重新修订，工业园区规划范围包括北部工业园区和南部物

流园区，规划用地调整为 23.48 平方千米。其中，北部工业园区范围为北至富北路，南至临菏路，西至兴邹路，东至兴港路，规划总用地面积 20.08 平方千米。南部物流园区为依托白马河形成的铁水联运物流园区，范围为北至果庄村和夹道村南，东和南至白马河，西至幸福河路南延段，规划总用地面积 3.4 平方千米。2015 年，山东省经济信息化委员会批准山东邹城工业园区实施省级工业园区循环化改造，建设省级循环经济园区。2017 年 3 月，山东省原环境保护厅、山东省商务厅和山东省科学技术厅批复山东邹城工业园区建设省级生态工业园，构建生态产业体系，优化产业结构，转变发展方式，实现区域可持续发展。

区镇先后被评为国家火炬济宁邹城精细有机材料特色产业基地、中国新材料产业基地、全国模范劳动关系和谐工业园区、山东省新型工业化产业示范基地、山东省循环化改造示范园区、山东省生态工业园区、山东省化工园区、山东省智安化工园区、山东省循环经济先进集体、山东省劳动关系和谐园区、济宁市"两化"融合试验区、全国生态文明先进镇、国家重点镇、省级文明镇、山东省新生小城市试点镇、山东省行政管理体制改革试点镇、山东特色产业镇动能转换 20 强、济宁市精细化工特色产业镇等。2018 年，太平镇入围全国综合实力千强镇，位列第 116 位。2018 年 7 月，邹城工业园区被山东省经信委纳入年度首批绿色制造项目库。

（一）积极优化产业结构

园区以打造鲁南化工产业、健康医药先进制造业基地为目标，积极对接山东省及淮海经济区，提升工业品质，促进转型升级。发挥比较优势，转型提升高科技化工、健康医药和新材料三大传统优势产业，综合考虑园区环境承载力和产业发展趋势，着眼于提高园区资源产出率和综合竞争力，推进产业循环化改造、延伸产业链至中下游高附加值环节、增强产业间的关联度；培育壮大精细化工、抗生素制药以及新材料三大战略性新兴产业，提升园区产业发展层次；推动第二、第三产业的融合发展，打造生产性服务业支撑体系，提升园区综合实力和等级，促进园区向高新技术产业园区转型。

（二）构建循环经济产业链

园区以循环经济理念和工业生态学原理为指导，根据总体规划，将园区循环化改造与区位优势和资源禀赋条件有机结合，与环境功能区划和环境容量有机结合，构建以高科技化工、健康医药，以及新材料为主导产业的循环经济产业链网。

首先通过纵向延伸和横向耦合，引导上下游企业集聚发展、共生协作，提高原辅材料利用效率，提高资源产出率，形成更加稳定的产业共生链网；然后通过区域整合，提高科技创新能力、政策保障能力、信息和基础设施共享能力，构建起多产业复合共生、上下游紧密衔接、动静脉有机耦合的产业共生体系，将山东邹城工业园区建设成为产业特色鲜明、运行效率高效、工艺技术先进、综合实力雄厚的先进高端工业园区。

（三）推行清洁生产，促进源头减量

园区鼓励企业实行清洁生产，由政府部门出面，明确清洁生产的职责并制定特殊的鼓励政策，便于企业最大限度地减少资源消耗量和废弃物排放量，降低污染物处理成本，在保证可持续发展的同时，尽可能地实现环境效益、经济效益与社会效益的最大化，走可持续发展的新型工业化发展之路。进行产业和行业结构调整，推广清洁生产技术，开展工业企业清洁生产审计试点工作，利于清洁生产的全面推行。

（四）推进水资源节约循环利用

园区遵循分质供水、分级利用、循环利用、系统平衡的原则，以节水为核心，优化水资源配置，建设优质水和再生水两套供水管网。促进节约用水，大力发展低耗水产业，降低供水管网漏失率，推广先进适用的节水工艺、技术、装备和节水型器具。充分利用再生水，收集利用雨水，提高园区整体工业用水重复利用率。加快普及中水回用，一方面在新建污水处理厂项目中设计中水回用设施，通过回收雨水、初步处理废水，建设适于绿化、冲厕、普通冷却的中水回用系统，并开展污水处理厂污泥的深度利用，开展污泥燃料发电，实现污泥资源的"零排放"，同时，邹城北控利民水务有限公司投资1亿元建设中水回用项目，建设规模为日处理水量5万立方米；另一方面，在各个企业内部普及建设内部中水系统，提高蒸汽冷凝液的回用比例，提高水资源的重复利用率，达到大幅削减废水排放量的目标。

七十一、余杭经开区：建设新型绿色建筑产业基地

> **编者按**：余杭经开区地处中国经济最发达的长江三角洲经济圈内，市场纵深广阔，产业基础深厚。余杭经开区在绿色发展过程中，一方面加快推进光伏发电工程，促进园区用电类型向太阳能转型；另一方面，加大对新能源产业的支持力度，打造节能环保明星企业。余杭经开区在淘汰落后产能、提高水资源利用率、发展新能源产业等方面的发展经验可为园区绿色发展提供借鉴。

杭州余杭经济技术开发区（简称"余杭经开区"），是由原余杭经济技术开发区、原钱江经济开发区整合提升而成的，位于杭州市的东北端，处于杭州、嘉兴、湖州的三市边界，现已成为杭嘉湖区域发展的战略要地，是杭州湾都市圈重要的产业发展平台和实体经济增长的引擎。原余杭经济技术开发区创建于1993年11月，是经浙江省人民政府批准设立的省级开发区。2012年7月经国务院批准，升级为国家级经济技术开发区。原钱江经济开发区筹建于2003年6月，2006年4月经国家发改委公告核准为省级开发区。2015年8月，原钱江经济开发区和原余杭经济技术开发区合并。

经过多年的发展，园区工业经济稳步发展。2018年，园区实现地区生产总值244.75亿元，工业总产值622.24亿元；园区内共有规模以上企业281家。在全省国家级开发区综合考评中，余杭经开区排名第四，仅次于宁波、嘉兴和杭州经济技术开发区，在区县一级的国家级开发区中连续两年排在首位。企业规模上，园区引进了日立、奥的斯、三菱、霍尼韦尔等10余家世界500强企业；区内共有上市企业19家，包括5家主板上市企业和13家新三板上市企业，以及1家境外上市企业。目前，园区已逐步发展形成了高端装备

制造、医药健康、节能环保、家纺布艺四大主导产业。

高端装备制造产业主要包括汽车零部件、环保设备制造、家用厨房电器具制造、电梯制造等，现有企业包括杭州西奥电梯有限公司、浙江春风动力股份有限公司、杭州老板电器股份有限公司等。医药健康产业主要涉及生物疫苗与诊断试剂、创新药物、现代中药、保健与功能食品等，现有企业包括杭州贝因美母婴营养品有限公司、浙江贝达药业有限公司、杭州民生药业有限公司等。节能环保产业主要为新能源汽车、风力发电输配电设备生产、光伏、锂离子电池等，现有企业包括浙江运达风电股份有限公司、杭州长江汽车有限公司、杭州南都动力科技有限公司等。家纺布艺产业主要为无纺布、沙发布、纺织品面料、窗帘、床上用品、电脑绣花等的生产，现有企业包括浙江华鼎集团有限责任公司、浙江四方塑料有限公司、浙江四通化纤有限公司等。经开区近年来获得的荣誉有：国家级循环化改造示范试点园区、2018年国家级经济技术开发区整合排名第40位、省级循环化改造示范试点园区、浙江省智能制造示范基地、浙江省开发区2017年度信息工作先进单位等。

（一）加快推进光伏发电工程，促进园区用电类型向太阳能转型

余杭经开区根据《余杭区2017年度印染企业专项关停整治工作方案》、海联热电厂年内关停及新奥分布式能源项目启用的整体要求，贯彻落实落后产能淘汰的方针政策，大力改变产业结构。经开区管委会通过开展蒸汽用户调查，走访区内骨干蒸汽用户，宣讲园区绿色发展的必要性，消除企业顾虑；扎实做好海联和印染企业的业主工作，确保平稳关停；迅速推进新奥分布式泛能网项目建设，最终实现顺利替代。

近年来，余杭经开区全面淘汰关停了烧结墙材轮窑企业、水泥粉磨站，分期分批关停淘汰重点区块或工艺装备水平较为落后、综合效益不高的印染企业。仅2018年，余杭经开区关停了12家淘汰落后产能企业（生产线），腾出用地40.71亩，腾出能耗2839吨标准煤，有效减少化学需氧量、二氧化硫、氮氧化物、氨氮等污染物排放。

余杭经开区关停了杭州塘栖热电有限公司等多家高耗能、高污染企业或生产线，经过努力，现已全面停止使用燃煤锅炉。余杭经开区自2018年起，主要的能源为天然气和电等清洁能源，实现了园区能源结构的转变。同时，

经开区为加快推进光伏发电工程，利用厂房屋顶太阳能发电，促进园区用电类型向太阳能转型，积极贯彻落实杭州市、余杭区关于光伏推广应用促进的政策。截至 2018 年底，余杭经开区内已完成安装光伏项目共 57.946 兆瓦。

（二）提倡中水回用，提高水资源利用率

经开区内建成中水回用设施的企业有 30 余家，主要为纺织印染企业，中水回用总设计能力达到 3045 万吨/年。2017 年，工业和信息化部发布了《印染行业规范条件（2017 版）》，其中要求，印染企业水重复利用率达到 40% 以上，并对新鲜水用量提出了相应的要求。实现中水回用，是提高企业水资源利用率，减少废水污染物排放的有效途径。经开区通过宣传节水知识、普及节水技术、严格推行印染行业规范，有效促进印染企业等耗水工业企业提高水资源利用率，减少废水排放，提高水重复利用率。

（三）建设创新型绿色建筑产业化研发基地，培育绿色建筑产业

装配式建筑是实现绿色建筑的一个有效途径。经开区已计划投资 5 亿元，在区内打造针对装配式绿色建筑、装配式被动房及装配式智慧建筑的创新型绿色建筑产业化研发基地。同时，经开区积极引进和培育绿色建筑产业，始终鼓励绿色建筑的设计、建造和认定工作。

其中，汉尔姆建筑科技有限公司于 2016 年新建工厂办公楼，建筑面积 6130.6 平方米，并于 2018 年获得美国绿色建筑 LEED 金奖；由杭州节能环保投资有限公司设计建设的绿色建筑科技馆，于 2009 年获得三星级绿色建筑设计标识证书，并在 2017 年建设，建筑面积共 5935 平方米。

（四）壮大高新技术产业，保障科技创新实力

经开区重视高新企业和创新研发机构的引进和培育，积极落实区委区政府"523"计划，推进"十万方国家级孵化器"和"十家企业改造"建设，助推中小微科技型企业发展。为园区整体科技能力的提升和行业的发展提供了保障。

经开区目前拥有国家火炬计划高新企业 5 家，国家重点支持的高新企业 145 家；拥有国家级技术中心 3 家，省级研发中心 64 家；拥有重点企业研究院 3 家，省级企业研究院 25 家，创新企业稳步发展。

经开区不断加快承接高新技术产业，严把项目准入关，大力推动产业招

商，加快产业转型升级。截至 2018 年底，园区内经认定的高新技术企业有 156 家，近年来高新技术产业产值占园区工业总产值比例不断攀登高峰，2018 年已达到 70% 以上。

（五）加大对新能源产业的支持力度，打造节能环保明星企业

经开区的节能环保产业主要为新能源汽车、风力发电输配电设备生产、光伏、锂离子电池等。经开区响应战略性新兴产业的发展趋势，加强新能源产业的鼓励力度，加大明星企业的宣传力度，现有包括浙江运达风电股份有限公司、杭州长江汽车有限公司、杭州南都动力科技有限公司等高新技术、行业领军的大型节能环保企业，通过明星企业带动区域节能环保产业整体发展。

七十二、繁昌经开区：打造绿色"园"中"园"

> **编者按**：繁昌经开区位于芜湖市西南部、繁昌县城北新区，水运、公路交通条件突出，区位优势明显。繁昌经开区在绿色发展过程中，一方面为企业提供绿色政策引导，开通"绿色通道"；另一方面，鼓励企业构建绿色产业链。繁昌经开区在政策引导、绿色运输、打造产业集群等方面的发展经验可为园区绿色发展提供借鉴。

　　繁昌经济开发区（简称"繁昌经开区"）位于繁昌县城北新区，是市域总体规划中"两江三城"龙湖新城的一部分，是全县经济建设的主战场、对接市区的桥头堡。2006年经省政府批准筹建，2016年10月与原横山公共服务中心合并，镇区合一、产城一体，2018年2月获批省级经济开发区，先后被授予国家级农业产业化示范基地、中国出口服装制造名镇、全国产业集群品牌50强、省级新型工业化产业示范基地、省级食品加工专业商标品牌基地、省级休闲食品加工专业商标品牌基地、省纺织服装创业基地、省服装第一镇等称号。总面积28.9平方千米，户籍人口1.86万，下辖6村1社区、144个村民小组、4个居民小组；党组织61个，党员810名，其中，村、社区党组织19个，企业党组织37个。繁昌经济开发区位于芜湖市西南部、繁昌县城北新区，规划面积23.54平方千米，远期规划41.7平方千米，建成区面积近15.5平方千米。

　　繁昌经济开发区坚持新发展理念，聚集发展大健康、智能装备两大主导产业，着力打造经济发展新增长。截至目前，入园企业403家，规模以上工业企业179家，产值超亿元企业23家，国家级农业产业化龙头企业2家，国家级"两化"融合企业2家，中国驰名商标3个，省级技术中心企业5家，战略性新兴产业5家，新三板挂牌企业8家，新四板与Q板企业各1家，高新技术企业 48 家，拥有自营进出口企业 26 家。中国兵器、华润集团、双鹤集团等知名央企国企相继落户，溜溜果园、同福碗粥、致养食品、万基洋参饮等健康食品产业骨干企业快速发展，爱瑞特新能源专用汽车、安徽恒利、芜湖西通等智能装备产业龙头企业蓬勃兴起，美国普派包装、金田麦（国际）食品、中德合资嘉瑞环保科技、安维特医疗器械等一批项目签约入驻。

2018 年，全区固定资产投资 29.2 亿元，同比增长 63.2%；规模以上工业企业产值 147.7 亿元，同比增长 16.9%；财政收入 14.2 亿元，增长 61.3%。外贸进出口总额 1905 万美元，同比增长 137.5%。砥砺奋进新时代，潮涌风劲正扬帆。繁昌经济开发区深入学习贯彻习近平新时代中国特色社会主义思想，认真践行新发展理念，全面实施"5+1"工程，奋力推动高质量发展，加快建设产业高地、创新园区、生态新城。

（一）提供"一站式"绿色发展服务

园区成立了由区管委会主要领导任组长，各有关部门组成的绿色发展工作领导机构，为企业提供绿色政策引导、绿色技术引进、绿色资金协调等开通"绿色通道"，提供"一站式"绿色发展服务。引导、鼓励、协助园区内企业先后落地了铸造熔炼能量系统优化节能改造、老旧工业锅炉更新改造、第一、第二、第三产业融合发展试点、节水工艺改造、余热利用、青梅小镇建设等多项节能、减排、增效项目，助力溜溜果园集团股份有限公司成为安徽省绿色工厂，使园区能耗、水耗逐年降低，工业废弃物循环利用率显著提升。

（二）打造"企业宜居"绿色园区

提升园内基础设施建设，打造"企业宜居"的绿色园区。鼓励推广节能建筑和节能厂房，使建筑在全寿命周期内，最大限度地节约资源；改造污水管网，建设集中污水处理厂，确保所有工业废水集中处理后达标排放；逐步建造园区集中供热站，向园区内企业供热；重点建设两个垃圾储运中心，定期将生活垃圾、工业固体废弃物进行协同处置利用，实现生活垃圾和工业固废的全部资源化利用。通过提升、优化园区公辅设施水平，解决企业后顾之忧，用绿色的方式吸引企业入驻。

（三）优化园区路网，打造绿色运输

园区内建设方格状道路网形式，打造"三纵五横"的主干道路网，"四纵两横"的次干道路网以及支路网系统，优化运输条件。依托滁黄高速、沿江高速等交通设施，积极发展特种货物、厢式货车运输以及重点物资的散装运输等现代运输方式，建设现代物流网络集疏运体系；构建公共物流信息平台，促进物流信息资源共享和物流网络互联互通；鼓励生产和商贸企业剥离或外包物流功能，整合物流资源，促进企业内部物流社会化；鼓励现有运输、仓储、货代、联运、快递企业的功能整合和服务延伸，加快向现代物流企业转型。

（四）龙头企业引领，共建绿色产业链

按照"发展主业，形成特色，相互支撑，绿色发展"的原则，统筹安排重大节点项目，发挥其带动效应和聚集效应。规划布局充分考虑了工业园区内部的产业链接和耦合，也充分考虑了工业园区企业与周边企业物料大循环、第二产业和第三产业在资源综合利用、"三废"处理设施利用方面耦合、共享。

食品产业是园区主导产业，园区在要求企业不断进行生产工艺及设备绿色化改造，提高工艺及设备技术水平，节水节能的同时，利用农业产业化龙头企业的带动作用，对食品产业进行上下游产业链的延伸，构建完善的种植-初加工-精加工-休闲体验消费服务的绿色产业链项目。园区装备制造产业目前已经形成较为完整的轴承制造绿色产业链，同时也有新能源环保扫地车等整机组装、汽车零部件加工、电器部件加工、机械部件加工、电线电缆生产绿色产业链，园区持续进行产业耦合改造。通过重点引进关联整机制造企业、关联装备部件集成企业的方法，对园区装备制造企业进行耦合改造，打造装备制造绿色产业链。

（五）打造先进制造业产业集群，建设 3D 打印产业园

园区围绕培育新的绿色经济增长点，不断增强产品的绿色含量和附加值，积极承接产业链关键环节，加快实现中低端提升和高端突破，打造特色鲜明、技术一流、品牌驰名的先进制造业产业集群。鼓励美佳新材料股份有限公司继续做大并开发新型绿色涂层材料，继续引进新材料企业落户园区，培育园

区绿色新材料产业。通过建设 3D 打印产业园，完善配套服务及研发设施，引进 3D 打印设备研发制造和 3D 打印生产企业入驻，培育园区 3D 打印产业。大力发展现代服务业，突出发展生产性服务业，完善现代服务业体系，不断提高现代服务业的比重和水平，促进先进制造业与现代服务业互动发展。

（六）打造绿色"园"中"园"

打造园林中的工业园。依托长兴圩水系一体化生态治理项目，采用"层层剥笋"，从"绿色"到"灰色"，从坡面到水系生态绿色治理理念，完成水系水循环调节配置、建设与运维。两岸景观打造以生态修复为主，进行海绵流域建设，通过"渗、滞、蓄、净、用、排"的海绵流域理念合理利用处理雨水，在排入水系前实现雨水自净，以保证水系长治久清。

沿长兴圩水系两岸建设生态廊道，充分利用水系的自然环境，在生态基底修复的基础上，改善园区生态系统，提升景观。生态设计融入繁昌人文文化，打造"城、水、景、文""四位一体"的园区，打造生态园区中的工业园。

七十三、哈密高新区：形成风电、光伏为特色的新型综合能源产业集群

编者按：哈密高新区位于新疆维吾尔自治区哈密市，始建于2003年，由北部新兴产业园、南部循环经济产业园、石城子光伏产业园组成。哈密高新区在绿色发展过程中，一方面推动形成煤电化、风电、太阳能光伏为特色的新型综合能源产业集群；另一方面，建立绿色园区技术创新体系。哈密高新区在构建产业体系、形成产业集群、建立技术创新体系等方面的发展经验可为园区绿色发展提供借鉴。

哈密高新技术产业开发区（简称"哈密高新区"）由哈密工业园区发展而来，始建于2003年，由北部新兴产业园、南部循环经济产业园、石城子光伏产业园组成。其中北部新兴产业园于2003年2月正式启动建设，南部循环经济产业园于2005年3月启动建设，石城子光伏产业园于2010年启动建设。2006年4月经自治区人民政府同意，设为自治区级工业高新区，并由自治区原国土厅、住建厅审核公告核定规划面积45平方千米。2009年7月被国家原农业部批准为"全国农产品加工创业基地"，2011年6月被自治区发展和改革委员会列为自治区绿色园区试点单位（第二批），2013年9月装备制造（风电设备）被自治区经信委批准为第二批"自治区新型工业化产业示范基地"。2015年8月，经自治区人民政府批准，同意设立哈密高新技术产业开发区，规划面积为69.22平方千米。

哈密高新区坚持"两个可持续"和"三高"要求，大力实施优势资源转换、提升和新兴产业培育发展战略，认真贯彻落实中央新疆工作座谈会会议精神，按照"布局集中、用地集约、产业聚集"的原则，实现主导产业明确、关联产业聚集、资源设施共享、污染治理集中、废弃物循环利用、工业

集中发展。截至 2016 年底，已有 248 家企业入驻园区，其中世界 500 强企业 9 家、中国 500 强企业 20 家、上市企业 32 家、引进高新技术企业 15 家，在哈密高新技术产业开发区新培育认定的高新技术企业 11 家，高新技术企业占园区企业总数的 4.7%，科技研发机构、创新创业和服务平台 30 余家；园区企业共完成专利申请 30 余件，累计获得专利 1200 余件。截至 2016 年，哈密高新区已累计完成固定资产投资 2159211 万元，其中基础设施配套投资 90057 万元，企业投资 2069154 万元，已实现了"九通一平"和道路绿化等基础设施配套建设；建成通油道路 96 千米；累计环保设施总投入 7300 万元，形成绿化面积 5493 亩，种植各类树木 54 万余株；解决就业人数 19000 余人。

（一）形成风电、光伏为特色的新型综合能源产业集群

集聚了国电、神华等一批大企业大集团，通过石城子光伏产业园等重点项目的建设，初步形成了以风电、太阳能为代表的清洁能源产业开发的产业集群。在风电领域，重点依托金风锦辉、金风风电、海装风电等龙头企业，初步形成"风机零部件制造–风机制造–风电场运营"的产业链。在太阳能领域，重点依托华电、中电投、中广核、荣信、特变电工、三峡新能源等 26 家企业，规划总装机 100 万千瓦，已建成并网装机 77 万千瓦，拟实施项目 39 项，已建成投运 37 项的太阳能开发与利用的光伏产业集聚。

"电化新疆"已经列入自治区"十三五"规划、哈密市率先启动并获国家发改委批复的 2016 年第一批中央专项建设基金 4000 万元，用于电动汽车储能技术引进与应用建设项目，并将以此为重点突破口，落实"电化哈密"战略。"电化哈密"的实施，将进一步提升哈密市工业、交通、商业和城市居民、农村等领域的电化水平。随着新疆 750 千伏与西北电网联网工程、新疆与西北主网联网第二通道、哈密–郑州±800 千伏特高压直流工程的建成投用，将为大规模的电力上网外送提供便利。

（二）加快构建新型装备制造产业体系

近年来，园区加快构建装备制造产业自主化、设备成套化、制造集约化、服务网络化的新兴产业体系，重点发展煤机和电力装备制造业、风电装备制造业、矿山机械装备制造业、太阳能光伏产业等装备制造产业，2016 年新型装备制造产业实现工业总产值达到 40.6 亿元，形成年销售额超 10 亿元大型企业 1 家，年销售额超亿元企业 5 家。聚集了以金风科技、海装风电、中复连众、兰石重装、中车能源装备等为代表的 18 家国内行业领军装备制造企业，成为新疆范围内产业链最完整、规模最大、产能最科学的风电装备制造基地，初步形成了包括风机主机电机、叶片、塔筒、机舱罩、法兰等零部件配套的风电装备制造产业集群，风电装备产业关键零部件制造率已达 70% 以上，2016 年底哈密风电装机规模达到 746.9 万千瓦，风电生产总值占哈密规模以上工业产值的 20% 以上。此外，还聚集了富兴通等 2 家石油和煤化工装备及矿山机械制造企业；聚集兰石重装、向明机械等多家煤机和电力装备制造企业。

（三）促进新材料产业发展

高新区依托丰富的矿产资源优势，以南部循环经济产业园石材加工基地为载体，大力发展黑色、有色金属和非金属矿产品加工基地，新型材料加工基地建设不断加快，2016 年新材料产业工业总产值达到 8.5 亿元，形成年销售额超亿元企业 3 家。新材料产业重点依托白云石、石英石、钛铁矿、红柱石、蒙脱石等聚集了金盛镁业、湘晟新材料、佳音矿业、神土科技等企业。其中，金盛镁业引进世界最先进的生产工艺和技术，投资建设镁合金项目，已经形成"原镁制备-镁合金生产-镁合金加工"产业链。湘晟新材料是国内第一家全产业流程（钛矿-钛冶炼-钛材精深加工）钛材生产企业，同时也是全国首个配备自备电厂的钛及钛合金新材料的企业。

（四）建设集污水处理和污水资源化利用为一体的污水处理厂

由高新区管理委员会投资 3681.63 万元，集污水处理和污水资源化利用为一体的污水处理厂，近年已建成并投入运行，新建近期处理能力将达到 5000 立方米/天，远期为 10000 立方米/天。该项目污水处理采用 A2/O+曝气生物滤池工艺，回用水处理采用絮凝沉淀加过滤工艺，污泥处理采用带式浓缩、脱水一体机浓缩脱水工艺，消毒采用二氧化氯消毒工艺。从工艺设计、设备选型、自动化水平、节能降耗以及环境、经济、社会效益等方面综合分析，该项目清洁生产水平达到国内先进水平，其处理终端水质达到《城镇污水处理厂污染物排放标准》（GB18918-2002）中一级标准中的 A 标准，可作为园区中水回用。

高新区管委会投资建设工业固体废弃物储存、处置场，总投资3800万元，服务年限为20年，项目建成后，在服务年限内平均处理量为1500吨/天，可实现哈密市的工业固体废弃物减量化、无害化、资源化处理，建设内容包括：土工坝工程、防渗工程、防尘工程、防洪工程、附属设施、生活污水处理设施。该项目从工业固体废弃物的储存、处置到最终封场与利用全国过程的各个阶段和工序，均采用了相应的环境保护措施。

（五）建立绿色园区技术创新体系

科学技术创新是发展绿色园区的重要支撑。现高新区已逐步建立成以企业为主、政府支持的绿色园区技术创新体系，提高绿色园区技术支撑和创新能力。把科技创新作为发展绿色园区的中心环节，根据高新区绿色园区发展的现实需求和长远目标，研究确定发展绿色园区的重大技术领域，制定了推进绿色园区发展的科技发展规划，在引进、消化和吸收国内外先进技术的同时，加大对关键控制性技术和工艺的开发力度，发动和鼓励有关企业和科研机构成立绿色园区研发中心，重点组织开发和示范有普遍推广价值的资源节约和替代技术、能量梯级利用技术、延长产业链和相关产业链接技术、"零排放"技术、废弃物综合利用技术、可回收利用材料和回收处理技术、清洁生产技术、降低再利用成本的技术等，逐渐形成"绿色技术"支撑体系。针对高新区的具体情况，在工业领域，大力推广工业污染防治成套技术、节能降耗技术、废弃物重新利用处理技术等；在居民消费和服务业领域，大力开发生活污水原位再生利用技术，推广生活垃圾无害化、减量化、资源化技术，加强绿色节能小区建设。

七十四、江宁开发区：构建横向耦合、纵向延伸、循环链接的产业体系

编者按：江宁开发区位于江苏省南京市，位于南京高铁南站与南京禄口国际机场形成的"金轴"之上。江宁开发区创办于1992年，2010年被国务院批准升级为国家级开发区。江宁开发区在绿色发展过程中，一方面积极建立汽车及零部件、新能源和环保、产城融合三大循环经济产业链；另一方面，按照"横向耦合、纵向延伸、循环链接"的要求，构建产业链间循环体系。江宁开发区在构建循环经济产业链、智能制造、引水补源等方面的发展经验可为园区绿色发展提供借鉴。

南京江宁经济技术开发区（简称"江宁开发区"）地处南京市东南方向，位于南京高铁南站与南京禄口国际机场形成的"金轴"之上。江宁开发区创办于1992年6月18日，1993年被江苏省人民政府批准为省级经济开发区，2010年11月11日被国务院批准升级为国家级开发区。江宁开发区管辖范围内的规划面积为18648公顷，其中经省级以上政府批准（核心区）的面积为3847公顷，通过委托代管等方式实际管辖的示范辐射带动区域（示范辐射区）面积14801公顷。

近年来，江宁开发区以高质量发展为根本要求，以对标找差为工作方法，向开放要活力，以改革增动力，经济社会保持健康平稳可持续发展。自"十三五"规划以来，江宁开发区经济社会综合实力不断增强，投资环境综合排名已居国家级开发区第一方阵。2018年，实现地区生产总值1428.42亿元，规模以上工业产值2370.84亿元，综合能源消耗总量为669701吨标准煤，综合实力位居全国219家国家级经开区第8，全省110家经开区第3，是南京地

区综合实力最强、产城融合度最高、创新环境最优的开发区。

江宁开发区加快构筑现代产业体系，在高端现代产业体系打造中，坚持与国家新产业政策、新发展理念相结合，坚持与产业延续优化和未来优势相结合；开发区建区27年来，共引入45个国家和地区的4000多个项目，其中千万美元以上项目500余个，世界500强企业61家，上市企业55家，构建了以绿色智能汽车、智能电网、新一代信息技术三大支柱产业，高端装备制造、节能环保、生命科学三大新兴产业，现代物流、软件研发、文化休旅三大现代服务业，人工智能、未来网络等一批未来产业为主体的"3+3+3+1"现代产业体系。

近年来，江宁开发区先后被中央组织部、国务院、国家发改委、工业和信息化部、生态环境部、科技部、国家能源局、国家质检总局、江苏省发改委等相关部委授予海外高层次人才创新创业基地、国家级南京综合保税区、国家战略新兴产业集聚发展试点（南京区域智能电网产业）、国家生态工业示范园区、国家新能源示范产业园区、国家新型工业化产业示范基地（电子信息产业）、国家创新型特色园区、国家火炬计划南京市江宁电力自动化产业基地、国家火炬江宁通信与网络特色产业基地、国家知识产权试点园区、智能电网产业全国知名品牌示范区、五星级国家新型工业化产业示范基地(智能电网装备制造)、江苏省低碳经济试点、江苏省特色产业基地（汽车及零部件、风电设备、航空动力高技术、通信设备制造、智能电网高技术）等称号。

（一）建立汽车及零部件、新能源和环保、产城融合三大循环经济产业链

江宁开发区紧紧围绕绿色可持续发展目标，坚持以"减量化、再利用、资源化"原则为核心，依托现有支柱产业、区位优势和城市功能定位，将资源节约和废弃物循环利用贯穿于生产、流通过程、社会生活中，积极推进关键补链项目建设，汽车及零部件、新能源和环保、产城融合三大循环经济产业链初步建立。

江宁开发区积极建立汽车及零部件循环经济产业链，汽车及零部件产业是江宁开发区主导产业，开发区以绿色智能为重点，汽车及零部件产业高速发展，产业集中度不断提高，产品技术水平明显提升，已经成为江苏省整车生产基地之一。开发区以上汽大众、长安马自达两大整车制造企业为核心，带动上下游配套企业协同发展。与此同时，着力向研发环节、新能源方向延展，引进福特全球研发中心、马自达中国研发中心等一批高端研发中心以及长安、协鑫、臻实等百亿级新能源汽车重大产业项目，基本形成了研发设计、零部件生产、发动机制造、整车制造和物流营销的完整产业链。

江宁开发区积极建立新能源和节能环保循环经济产业链，节能环保产业是开发区着力发展的特色产业之一，目前，开发区节能环保产业拥有大唐环保、中电环保、江南环保等企业50多家，获批为国家级环保服务业发展试点。新能源产业方面，上海大众、南瑞继保、金智科技、中电光伏、苏美达、瑞源等多家企业以及部分住宅小区已陆续开展光伏发电示范应用；部分多层住宅小区、医院、学校、酒店以及工业企业建有太阳能热水系统；部分道路、住宅小区、公共建筑安装风光互补太阳能路灯、太阳能LED路灯；2018年，南京协鑫燃机热电有限公司燃机热电联产项目建成投产。开发区构建了"新能源装备制造→智能电网→新能源推广应用"以及"清洁能源发电→环保处理→城市应用"的循环经济产业链，通过新能源和环保循环经济产业链发展，强化国家新能源示范产业园区建设。

江宁开发区积极建立产城融合循环经济产业链，江宁开发区把循环经济理念融入工业、服务业发展以及城市基础设施建设，在生产、流通、消费等各环节推行循环型生产方式和绿色生活方式，推动循环型社会体系建设，构建集"现代城市综合体、绿色建筑、低碳交通、环境综合提升"为一体的产城融合循环经济产业链。

（二）积极构建产业链间循环体系

江宁开发区坚持推动产业之间、生产与生活系统之间循环式组合、循环式流通，全面推动汽车及零部件制造业、新能源和环保循环经济产业之间构建成链。按照"横向耦合、纵向延伸、循环链接"的要求，鼓励企业间、产业间建立物质流、资金流、产品链紧密结合的循环经济联合体，促进工业、服务业等产业间循环链接、共生耦合，初步构建了产业链间的循环体系。

（三）利用智能制造作为园区转型升级的新"引擎"

智能制造成江宁开发区转型升级新"引擎"。开发区以智能制造为主体的先进制造业占工业比重已经达到 90% 以上，已有包括埃斯顿机器人在内的智能制造企业 100 多家，已拥有智能制造类省级智能车间 15 家、市级智能工厂 14 家，覆盖汽车制造、智能电网、高端装备等相关行业，打造了江苏省高档数控机床及智能装备制造业创新中心等平台，智能工厂、智能车间数量占全市"半壁江山"。

江宁开发区通过实施技改重点，推动企业智能化技术改造。开发区已打造空港经济开发区、江苏软件园、无线谷、九龙湖总部园等个性化功能平台，落实并配套各级引导资金，加大对智能制造和产业升级的财政扶持力度；同时还通过推广装备智能化改造等手段，帮助企业提升智能化水平。

（四）常态化实施引水补源工程

江宁开发区依托环保产业基础，积极推动污水管网、排水达标区建设，开展黑臭河体长效管护，常态化实施百家湖片区和殷巷九龙湖片区引水补源工程，推进垃圾分类工作，加快构建开发区宜居宜业的良好环境。

七十五、大理经开区：围绕洱海流域绿色发展规划园区建设

编者按：大理经开区位于云南省大理市，成立于 1992 年 11 月，2014 年 2 月经国务院批准升级为国家级经开区。大理经开区在绿色发展过程中，一方面注重园区规划，明确园区的产业发展方向；另一方面，全面推进洱海流域环境综合整治工作。大理经开区在园区规划、平台建设、管理服务模式等方面的发展经验可为园区绿色发展提供借鉴。

大理经济技术开发区（简称"大理经开区"）成立于 1992 年 11 月，2014 年 2 月经国务院批准升级为国家级经开区。大理经开区辖天井、满江两个办事处，成建制委托管理凤仪镇，辖 24 个村（居）委会，总人口 11.43 万人。全区管辖面积 325.47 平方千米，总规划面积 85.16 平方千米，按照"一区三园"规划布局。经过多年的发展，全区建成区面积达 23.2 平方千米，区内基础设施日臻完善，实体经济初具规模，产业集聚逐步显现，培育了力帆骏马、欧亚乳业、嘉士伯啤酒等龙头企业，形成了以现代装备制造、生物制药、高原特色农副产品加工和现代服务为重点支柱，集关联配套、专业分工、协作发展、社会化服务为一体的产业集群，截至 2018 年底，全区登记注册工商企业 4629 户，规模以上工业企业 55 户。2018 年商务部对全国 219 家国家级经开区综合发展水平考核评价结果，大理经开区位列第 88 位，在云南省 5 家国家级经开区中位列第 2 位，是云南省重点培育的十个千亿元重点园区之一。

大理经开区始终把推动工业经济与洱海生态环境保护的协调发展放到首要位置。自 2015 年以来，大理经开区认真贯彻和落实习近平总书记到大理视

察期间保护洱海的重要指示精神，充分认清加强洱海保护治理的严峻形势，加大对洱海流域防治力度，采取断然措施，切实做好洱海流域水环境保护治理。通过全面深入开展辖区洱海保护治理"七大行动"工作，实施洱海流域"两违"整治行动、村镇"两污"治理行动、面源污染减量行动、节水治水生态修复行动、截污治污工程提速行动、流域综合执法监管行动、全民保护洱海行动，取得了切实成效，成为推进生态文明建设典范。

（一）建设科技创新平台和进出口商品贸易平台，极大提升了产业创新发展能力

一是省州重点工业技改项目得以有效实施，欧亚乳业特色坚果饮料生产线、南诏药业 GMP 技改、力帆骏马液化天然气载货汽车研发试制等 8 个重点工业项目已落成投产。二是启动建设科技创新平台和进出口商品贸易平台。上海交通大学云南（大理）研究院、大理创业园（一期）建设项目已完工，目前已成为全州新兴产业发展的研究智库、技术转移、产业孵化平台和产业化基地，极大提升了大理州的产业创新驱动发展能力。

（二）注重园区规划，明确园区的产业发展方向

大理经开区始终坚持用"高起点、高标准、高品位"的规划理念引领建设发展。委托南开大学国际经济研究所编制《大理经济技术开发区产业规划与发展战略研究》，委托天津大学城市规划研究设计院编制《大理经济技术开发区城市总体规划》，明确园区的产业发展方向，各片区的功能定位、产业布局和空间布局。积极谋划各片区的对接与完善，委托编制《天井片区商业网点布点专项规划》《红山综合物流园区控制性详细规划》等专项规划。完成申报产城融合示范区总体方案编制工作。

（三）全面推进洱海流域环境综合整治工作

大理经开区明确区内 2 条重点入湖河流、22 条主要沟渠的挂钩责任单位和责任人职责，周边农村污水及再生水系统工程有序推进。同时，结合"七大行动"有效开展，全面推进洱海流域环境综合整治工作，2018 年，对辖区内村落污水处理设施进行巡查，对凤仪片区 22 座村落污水处理设施进行检查21 次，出动打捞船只 12 艘次、清运车辆 50 车次、共打捞清理漂浮物、沉水植物 190 吨，挺水植物 145 吨，白色垃圾 70 吨。开展"三清洁"工作共检查发现问题 131 处，共清理淤泥 9625.2 吨。

（四）创新管理服务模式，提升服务质量

大理经开区围绕洱海保护治理，执法监督检查，创新管理服务模式。通过简化审批流程协调省厅、市局，使全区建设项目环评审批均在第一时间完成。严格落实职能部门主体责任，坚持"执法即时服务"的工作思路，以查代管，督促企业对存在的问题认真整改，确保环保督查等工作确实落到实处。

七十六、桂林经开区："基金+基地" 模式招引绿色产业

编者按：桂林经开区位于广西壮族自治区桂林市，是桂林新区的重要组成部分，主要聚焦于电子信息、先进装备、生物医药、生态食品等产业。桂林经开区在绿色发展过程中，一方面探索"基金+基地"的合作招商模式，积极引进绿色高端产业；另一方面，积极建设桂林经开区高校联合创新区。桂林经开区在管理模式、营造园区发展环境、合作招商模式等方面的发展经验可为园区绿色发展提供借鉴。

桂林经济技术开发区（简称"桂林经开区"），是 2016 年 3 月在市委市政府的领导下，为贯彻落实自治区"保护漓江，发展临桂，再造一个新桂林"的战略部署，在整合原自治区级西城经济开发区、自治区 A 类苏桥工业园和福龙工业园的基础上设立的自治区级经济开发区，是桂林市打造"两翼齐飞，双轮驱动"工业发展新格局的西翼核心区，也是粤桂黔高铁经济带（广西园）的主要承接地。

园区在新型绿色工业核心理念指导下，重点发展先进装备制造、电子信息、食品、生物医药 4 个主导产业和橡胶制品、新材料 2 个辅助产业。按照"生态优先、组团布局、联动发展、产城融合"的规划理念，对桂林经济技术开发区提出"一轴三片区"（临苏路为产业发展轴线，秧塘山水高科技产业园、宝山临空产业园、苏桥先进制造产业园三个片区）产业空间布局构想。

（一）创新管理模式和财税机制

园区管理上坚持创新驱动，深化体制机制改革。一是创新行政审批工作。制定了《关于授权（委托）桂林经济技术经开区行使市、县（区）级相关管

理权限的实施方案》。二是创新管理模式。组建桂林经开投资控股有限责任公司，增强桂林经开区的投融资能力。三是创新财税机制工作。配合市财政局制定了《桂林经济技术经开区财政核算体制和财政收入划分的决定》。

（二）探索"基金+基地"的合作招商模式，积极引进绿色高端产业

在产业引进上，通过创新招商引资模式，积极引进绿色高端产业，优化园区产业结构，提高园区产业绿色化水平。如探索"基金+基地"的合作招商模式，与上海的基金平台公司合作设立广西张江久有大健康产业基金和产业综合体发展基金，同时积极与北京、深圳等私募基金展开合作，力争实现与自治区共同设立2~4只产业发展基金，充分利用广西产业投资基金和桂林市的名城效应，引进一批产品科技含量高、绿色化水平高的新兴产业企业。在先进装备制造产业上，重点发展智能装备、新能源客车、轨道交通、汽车零部件及工程机械、电工电器等方面，目前已培育形成桂林本土规模最大的上市公司——福达集团，也涌现了桂林鸿程机械、桂客发展、桂林桂冶等一批优质企业。利用本地基础吸引生物医药企业入园。在电子信息产业上积极引进华为、浪潮、中兴通讯等龙头企业，借助华为、中兴通讯、浪潮、比亚迪及园区大企业先后与华大基因、中国电子长城国际公司、东华软件等知名企业接洽，实现园区绿色产业、高新技术产业的比重不断提高。

（三）营造园区"七大环境"

一是积极开展项目策划。引进了一批有实力、有经验的央企、国企作为战略合作伙伴，进行拟实施重大项目的前期筹划工作。二是建立和完善项目推进制度。制定了重大项目实施方案，明确了重大项目责任领导和指挥长。三是成立综合执法队伍，保障项目实施。探索建立了市县区社会综合治理工作联动管理机制。四是为项目建设提供资金保障。与农行、建行、工行等金融机构签订了战略合作协议，获授信100亿元，确保了园区基础设施建设前期工作开展所需要的资金。五是营造园区"七大环境"。成立了桂林经开区创新创业服务中心和桂林经开孵化器管理公司，建设桂林华为双创园、"科易网"成果交易平台等一批孵化和成果转化载体。园区物流、政务服务、生产、生活、税负、人才、创新环境不断改善。

（四）建设桂林经开区高校联合创新区

重点支持"科易网"科技成果交易服务平台打造为自治区级技术转移示范机构，莱茵公司植物提取创建国家级创新平台。组建成立罗汉果产业联合创新研发中心、桂林全固态新能源动力电池创新研发中心、桂林医用机器人创新研发中心、中兴通讯桂林科技研究院四大研发中心。积极推动各大高校科技资源支持桂林经济技术开发区创新建设，与各大高校签署战略合作协议，共同启动建设桂林经济技术开发区高校联合创新区。做好桂林经济技术开发区范围内科技资源监管和培育工作，指导莱茵生物等企业开展企业技术中心、工程实验室、工程（技术）研究中心等企业技术平台建设。促进技术、人才和高新技术企业向桂林经济技术开发区集聚。

七十七、西宁经开区：建设"光伏+天然气"安全稳定清洁能源体系

> **编者按**：西宁经开区位于青海省西宁市城北区，是青海省规模最大、科技水平最高的中藏药生产、高原特色动植物资源精深加工基地。西宁经开区在绿色发展过程中，一方面积极实施循环化改造，极大提升园区循环经济发展水平；另一方面，充分发挥光伏产业和天然气优势，构建了安全稳定清洁的能源体系。西宁经开区在循环化改造、现代服务体系、清洁能源体系等方面的发展经验可为园区绿色发展提供借鉴。

西宁经济技术开发区生物科技产业园区（简称"西宁经开区"）2002年4月经青海省政府批准设立，2007年被国家六部委批准为循环经济试点产业园区，2010年11月经国务院批准升级，成为青海唯一一家国家级高新技术产业开发区。西宁经开区位于青海省西宁市城北区，总规划面积23.5平方千米，东至宁张公路、南至天峻桥、西至大酉山坡脚线、北至哑巴沟，距市中心6千米、西宁机场20千米、西宁铁路北站4千米，宁张公路（227国道）和海湖大道由高新区东西两侧通过。

西宁经开区按照《西宁（国家级）经济技术开发区产业发展总体规划》在功能定位、产业布局方面的总体要求，以青藏高原独特的动植物资源为依托，以功能配套的基础设施和良好的服务环境为平台，重点发展高原生物健康（现代中藏药、食品及保健品）、装备制造、电子信息和现代服务业等战略性新兴产业。经过多年的建设，已经形成了以生物技术、中藏药、高原绿色食品（保健品）加工以及电子信息技术等为主导的循环经济产业体系，培育了一批具有地方特色和产业特点的循环经济示范企业，成为基础设施配套

齐全、产业特色鲜明、服务体系完善的工业园区和青海省规模最大、科技水平最高的中藏药生产、高原特色动植物资源精深加工基地。目前，园区拥有企业505户，其中工业企业131户，年销售收入亿元以上工业企业49户。

西宁经开区持续加强科技创新能力提升，建成各类研发中心及实验室30个，其中国家地方联合实验室6个，省级工程研究中心8个，省级重点实验室4个，市级企业研发中心14个。培育创新新兴企业6家、高新技术企业33家、科技型企业31家，高新技术企业和科技型企业累计完成产值124亿元，占园区总体产值比重的61%；高新技术企业增加值占工业企业增加值比重达到29.5%，园区科技创新对经济发展的贡献率达到59%；现拥有专利量294件，发明专利占总量的30%以上，每万名从业人员拥有专利数104件，接近国家高新区平均水平；获得省级以上科研成果69项，其中62项达到国内先进，7项达到国际先进。开发新产品110余个。

（一）积极实施循环化改造，极大提升园区循环经济发展水平

为了提升园区区域循环经济发展水平，西宁经开区制定了《西宁经济技术开发区生物科技产业园循环化改造实施方案》并积极组织实施。园区通过进行循环化改造，加快了生物技术、中藏药、高原绿色食品（保健品）加工以及电子、信息技术等循环化纵向延伸、横向拓展和推动资源、产品、副产物及废弃物资源化再利用等多层面的联动循环发展，完成了资源集约利用与产业结构调整，解决了园区企业生产过程中产生的废液、废渣、废气的综合利用、能量梯级利用和水的循环利用等问题，极大提升了园区循环经济发展水平，西宁经开区发展成了循环化发展的示范园区。

（二）形成以科技服务、金融服务、现代物流、文化旅游为支撑的现代服务体系

为了促进园区产业绿色转型升级，西宁经开区积极推动园区中藏药企业兼并重组，引进修正药业、葵花药业、河北神威药业等国内知名企业，与现有中藏药企业进行了合作和整合；重点推进完成了央宗药业一类新药开发以及国药青海基地绿色化迁建升级改造。推动了青海康普大健康产业基地、洋木水进青稞深加工项目的建设，促进了高原特色精深加工产业向产业链、价值链高端攀升。加速了园区企业技术改造，提升装备制造水平，重点推进华鼎高档数控机床制造设备升级，数字化石油钻井平台系统量产，德国森赫电梯生产线、智能家具制造项目建设。

园区紧紧抓住"互联网+"及信息产业发展机遇，依托浪潮、曙光等知名企业，引进了中科院三江源大数据中心、清华大学下一代互联网发展中心等项目，积极培育智能设备、节能环保装备、无人机制造，3D打印技术应用等新业态，推动了园区大数据、云计算等信息服务产业的发展，推动了西创医疗、超脑科技、北斗开阳等企业的快速成长。

西宁经开区围绕《国家服务业综合改革试点单位工作方案》，全面推进了园区服务业的持续健康发展，形成以科技服务、金融服务、现代物流、文化旅游为支撑的现代服务体系。加快推进了西宁—浦东科技创新中心、上海中医药大学技术转移中心青海分中心实质性运营，中国地质大学（武汉）研发平台、迪安诊断项目的建设，打造了以研发、成果转化、检验检测等为主的科技服务集聚区。加快推进了康美青海金融租赁公司、康美保险公司成立与运营；启动了"现代服务大厦"建设项目，集聚了园区金融服务资源；积极推动了装备园物流中心、康美现货期货交割仓、九州通医药物流基地等项目的建设，逐步完善了园区内现代物流业；充分发挥园区"国家文化产业示范基地"品牌效应，积极引进了新兴文化旅游业态，重点发展了博物馆群文化旅游和工业旅游。

（三）充分发挥光伏产业和天然气优势，构建了安全稳定清洁能源体系

西宁经开区充分发挥光伏产业和天然气优势，构建了安全稳定清洁能源体系。园区自2002年建立初始，天然气管道全部敷设到位，进入燃煤锅炉零时代，各企业、单位、小区均使用燃气锅炉供热供汽，实现了100%的清洁能源供热、供气。园区支持企业利用屋顶资源开展分布式光伏电站建设，给予鼓励企业应用清洁能源设施，给予行政审批的简化政策，截至目前园区已备案建设分布式光伏电站3个，供电量可达400万度，实现了园区部分绿色能源供应。

七十八、海勃湾工业园：实现园区能源梯级利用

编者按：乌海经开区位于内蒙古自治区乌海市，海勃湾工业园属于内蒙古乌海经济开发区四园之一，其他三个分别是乌达工业园、海南工业园和低碳产业园。海勃湾工业园在绿色发展过程中，一方面建设再生资源产业集聚区，推动再生资源跨区域协同利用；另一方面，实现园区能源梯级利用。海勃湾工业园在能源梯级利用、产业集聚、低碳转型等方面的发展经验可为园区绿色发展提供借鉴。

乌海经济开发区海勃湾工业园（简称"海勃湾工业园"）于 1998 年 8 月由内蒙古自治区人民政府批准设立，是自治区 20 个重点开发区之一。海勃湾工业园属于内蒙古乌海经济开发区四园之一，其他三园分别为乌达工业园、海南工业园和低碳产业园。2013 年由乌市海千里山工业园区变更为乌海经济开发区海勃湾工业园。2012 年 2 月被自治区政府确定为工业循环经济试点示范园区。2014 年 9 月被国家发改委确定为园区循环化改造示范试点园区。2015 年 8 月乌海经济开发区被工信部以及国家发改委批准成为国家低碳工业园区试点，海勃湾工业园是乌海经济开发区创建的国家低碳工业园区试点中的最大经济体，也是主要支撑单位，其经济总量和产业结构调整、绿色化工作位于乌海市三区之首，园区多数重点企业均已成为自治区级循环经济示范试点企业。

截至目前，园区已入驻企业 189 户，其中千里山主园区 72 户，综合加工区 69 户，洗选及商砼园区 19 户，其他 29 户。按照工业向园区集中，统筹规划、科学管理，集约化运行的要求，目前已形成以千里山主园区为核心，综合加工区、洗选区、商砼区为配套的产业布局。规划总面积 47.38 平方千米，其中千里山主园区总面积 36.5 平方千米。

海勃湾工业园是以煤焦化、钢铁冶金、能源、化工、建材等优势特色产业为主体形成的产业园区，以重化工业为主导的产业已形成规模。战略性新兴产业蓬勃发展，汽车装备制造、太阳能光伏产业、LED 节能照明以及新能源、新材料等非资源接续替代产业发展态势良好。

（一）实现园区能源梯级利用

海勃湾工业园以钢铁、化工、建材、装备制造业等行业为重点，依法淘汰落后和化解过剩产能。加快发展能耗低、污染少的战略性新兴产业，促进产业转型，目前，已形成传统产业向高端发展，园区装备制造业、新型产业数量和质量已出现较大的变化。产业结构调整趋势非常显著，已经形成主导态势。在具备条件的企业实施煤改气，推广绿色照明。在焦化、煤化工、工业锅炉、窑炉等重点用煤领域，推进煤炭清洁、高效、分质利用。

海勃湾工业园在传统行业深入推进节能技术改造，能效提升专项行动，推广高温高压干熄焦，如黄河工贸二期 130 万焦化工程实施了自治区西部唯一的干熄焦装置。而且现在乌海市华信煤焦化有限公司正在实施 100 万吨焦化干熄焦及发电项目。部分企业组织实施了空压机系统能效提升，用空压机节能泵替代原有的高电耗泵。积极推进利用钢铁、化工等行业企业的低品位余热回收利用，如园区所有焦化装置均在焦炉烟囱处实施了烟气余热回收工程，收到了明显的节能效果，做到了园区能源梯级利用。

（二）建设再生资源产业集聚区，推动再生资源跨区域协同利用

海勃湾工业园大力推进工业固体废弃物及工业"三废"的综合利用，以高值化、规模化、集约化利用为重点，围绕煤矸石、粉煤灰、冶炼渣、脱硫石膏、劣质煤以及焦炉煤气、焦炉烟气余热、高炉压差，采用先进适用技术装备，实施深度资源化利用。

包钢成腾实施了高炉余压 TRT 发电项目，天宇公司利用煤矸石煅烧双 90 高岭土，京海电厂利用煤矸石和劣质煤发电，数量不少的商砼、建材和水泥企业利用粉煤灰生产水泥和建材制品，已经形成园区内部的商砼区，具有相当规模。内蒙古海能实业有限公司粉煤灰制超细环保纤维项目、利用粉煤灰制取超细纤维、造纸浆、特种纸、保温材料等新型材料项目。乌海市飞远制砖有限责任公司年产 8000 万块粉煤灰砖、4000 万块粉煤灰砌块消耗粉煤灰

项目、乌海市浩通高新技术建材公司年产 30 万立方米粉煤灰空心砌块消耗粉煤灰项目，更是具有粉煤灰高端、高值利用的特点。焦炉煤气的利用更为出色，乌海市华油天然气有限责任公司焦炉煤气综合利用项目、内蒙古华清能源科技发展有限公司 1500 万立方米天然气 2 万吨双氧水项目，乌海市源通煤炭化工公司焦炉煤气制 LNG 项目、乌海市华信煤焦化公司焦炉煤气制 LNG 项目，在焦炉煤气的综合利用方面非常出色。

围绕废钢铁、废有色金属等主要再生资源，加快先进适用回收利用技术和装备推广应用。建设再生资源产业集聚区，推动再生资源跨区域协同利用，构建区域再生资源回收利用体系。落实汽车领域等行业开展生产者责任延伸试点示范。目前，乌海市龙华报废汽车回收拆解有限公司、乌海市东宁报废汽车回收拆解有限责任公司已经迈出这一步，从废旧汽车的拆解中回收有色金属和钢铁。

（三）推动企业采用先进适用的低碳技术，控制工业过程温室气体排放

海勃湾工业园推进重点行业低碳转型，采用先进适用的低碳技术，控制工业过程温室气体排放，促进行业碳排放强度下降。近几年来，园区多数洗煤、焦化、钢铁、电力和水泥企业均实施了煤场全封闭工程。众多企业在电机节能方面均实施了变频节能技术，高压变频调速技术，明显地降低了电耗，减少了碳排放，如京海电厂的两个风机变频改造工程已经完成。乌海市华油焦炉煤气综合利用项目、内蒙古华清能源科技发展有限公司乌海市源通焦炉煤气制 LNG 项目、乌海市华信焦炉煤气制 LNG 项目，充分利用焦炉煤气中的富氢和一氧化碳，通过甲烷化技术，生产天然气，由高碳能源转化为低碳能源，明显削减了碳排放。

（四）构建"三位一体"再生资源回收网络体系

海勃湾工业园依托乌海及周边近 80 万人口的物资消耗能力，建设年回收利用 20 万吨汽车拆解、再生有色金属等废旧物资的亨东再生资源产业园，届时蒙西地区废品收购站将纳入该体系，形成以城市社区、集散市场、加工利用"三位一体"再生资源回收网络体系。

绿色供应链篇

　　绿色供应链是绿色制造理论与供应链管理技术结合的产物，侧重于供应链节点上企业的协调与协作。为加快推动绿色制造体系建设，打造一批绿色供应链先进典型，促进典型经验和发展模式交流，本篇综合考虑地区、行业、发展模式的差异，共选取10家国家级绿色供应链企业，总结这些企业在绿色发展过程中的有效做法和实施成效，以期为更多的企业实现绿色发展提供借鉴。

七十九、九州电子：以模块化设计
实现供应链资源集约

编者按：电子制造业属于资源、技术密集型产业，电子产品又有着更新速度快、生命周期相对来说比较短的特点，因此电子制造业在推动我国经济高速发展的同时，也对环境造成了巨大的污染。为了获得竞争优势，众多的电子制造企业纷纷将绿色理念融入企业供应链管理。九州电子从传统的电子设备制造企业转型为电子设备绿色制造企业。在转型过程中，一方面通过对产品生命周期相关数据、过程、资源的一体化集成管理，提高了产品质量及生产效率；另一方面，采用模块化 Cell 柔性制造单元，满足产品多样化的客户需求。九州电子在信息平台管理、绿色设计等方面的发展经验可为传统电子设备制造企业绿色发展提供借鉴。

四川九州电子科技股份有限公司（简称"九州电子"）是国内产销规模最大、技术水平最先进的有线电视宽带网络和数字电视设备专业制造商和系统集成商，其母公司九洲集团是以军事电子、智慧城市为核心业务高科技企业集团，自 2002 年以来九洲集团连续 14 年跻身中国电子信息百强企业，荣列中国制造业企业 500 强、中国最大 1000 家企业集团、中国企业集团竞争力 500 强之列，连续四次蝉联"全国文明单位"，2011 年荣获"全国电子信息产业最具影响力企业"称号，2012 年荣获"2012 中国企业社会责任特别金奖""绵阳市环境友好企业"称号，2015 年蝉联"中国工业行业履行社会责任五星级企业"称号。

九州电子在节能、环保、绿色设计等领域取得了突出的研究成果，先后研发出 30 余款不同型号的绿色产品。公司的 GFS1550F-B 发送机是国内第一家自主研制的外调制 1550 纳米光纤发送机，公司的 1550 纳米光传输系统获得四川省科技厅颁发的四川省科技进步三等奖。九州电子还参与了 HFC 网络管理系统标准制定，公司的 HFC 网络管理系统获得了中国电子学会颁发的电子信息科学技术奖。公司生产的数字机顶盒产品一直以来都处于国内领先水平，其 CATV 产品市场占有率自 1986 年以来连续 31 年居国内同行业首位，连续 5 年被评为"中国机顶盒市场最具影响力品牌"。

（一）以模块化设计实现供应链资源集约

九州电子采用环境友好的模块化设计，针对家庭网络终端产品的快速设计、节能节材、易拆卸回收及再制造性等需求，将绿色设计理念与模块化设计方法有机结合。通过在 IPTV、DVB 等家庭网络终端产品开发过程中，引入硬件模块化设计和软件模块化设计，开展产品的客制化、通用化、技术进化等模块化策略研究，实现产品快速设计、快速开发、资源集约、节能降耗等绿色需求。

九州电子还采用面向拆卸回收的产品绿色设计，从原材料的循环利用以及零器件的拆解分离角度，开展产品的易拆解回收策略研究。在产品设计阶段，结合具体产品的特征和要求，满足产品功能与性能的基础上，尽量选用兼容材料、再生材料及可重复利用等易拆解回收的材料和零件。在材料替代方面，通过将目前的钣金件加塑胶件的结构模式转换为全塑料件的设计，大力推进塑料件替代金属件的进程，减少高能耗的钢材使用量，减少原材料在采掘和加工过程中的能耗和对环境的污染，最大限度地节约资源。在零器件设计方面：通过大幅度减少结构零件数量，减少单台机器螺钉的使用量，达到降低设计制造成本，便于拆解回收的目的。

九州电子还积极开展低功耗设计技术研究，针对当前家庭网络终端产品在多功能、低成本、真待机、低功耗等方面难以兼顾问题，开展新型待机控制技术研究，开发具有节能降耗的多功能性 IPTV、DVB 等家庭网络终端产品，使整机待机功耗达到 0.3 瓦以下，满足国家标准《GB25957-2010 数字电视接收器（机顶盒）能效限定值及能效等级》规定 1 级能效水平小于 1 瓦的技术要求，实现节能绿色目标。

（二）建设绿色供应链管理信息平台

九州电子积极完善 MES 系统，通过 MES 系统和企业 ERP 系统的集成，全面提升企业经营和制造过程管理水平；推进生产线关键工艺流程 Cell 柔性共建，推广模块化、通用化柔性装配测试，通过二次开发智能机器人，配合自主设计的归一化工装，适应产品多形态特征需求，大大提高作业过程的智能化及柔性化。

九州电子基于生产商、供应商、物流商、销售商、终端用户、回收商、处理商等组成协作式联合体，按照 RoHS、WEEE、EPR、REACH、PEF 等指令以及国际标准组织 ISO14040 系列标准生命周期评价的流程规定，研究典型电子产品的资源消耗信息、能源消耗信息、有毒有害信息以及相关管理信息的采集、存储、传递和披露机制和技术实现方案，基于信息化技术构建产品全生命周期的资源环境数据库，实现上下游企业的信息追溯和共享。

（三）通过绿色智能制造生产线改造升级，实现精益化生产

在生产过程中，九州电子导入视觉测量、无损检测、精密焊接、传感采集等装备，自主设计开发柔性、快速 Cell 装配单元、多功能治具、自动化辅助设备，采用模块化 Cell 柔性制造单元，改变以往大流水生产模式，对基础作业进行优化组合，推广模块化、通用化柔性装配测试，实现多种产品快速换线、工段间无缝衔接、物料及时化配送，以及焊接、锁螺丝、外观检查、压盖、贴标、装箱、分拣、装夹等基础作业的自动化，配合自主设计的归一化工装，适应产品多形态特征需求，满足产品多样化的客户需求，大大提高作业过程的智能化及柔性化。实现柔性、高效的绿色精益制造，将转线时间由 1 小时降低至 20 分钟，单位人时产能（UPPH）提升了 87.5%，产品一次直通率由 92% 提高至 97%，使制造成本大幅度降低。

八十、国舜集团：搭建供应链绿色信息
收集监测披露平台

编者按：作为大型成套节能环保装备机械领域的企业，国舜集团在绿色发展过程中，一方面制定并完善供应商培训机制，定期对供应商进行培训；另一方面，加强对供应商分级分类管理，和百余家绿色供应商保持长期伙伴关系。国舜集团在绿色供应链管理战略、绿色采购理念、信息交流机制等方面的发展经验可为传统大型成套节能环保装备机械领域的企业绿色发展提供借鉴。

山东国舜建设集团有限公司（简称"国舜集团"）始建于 1985 年，历经多年的稳健发展，国舜集团已由一个小型工业设备安装企业成功转型成为拥有年产值 40 亿元生产能力，集研发、设计、制造、施工、运营管理、投资服务于一体的大气污染治理龙头环保企业、绿色装配式建筑企业和钢结构国际贸易企业。

国舜集团现下辖 6 家子公司，5 个科技创新平台，2 家甲级设计院，职工总数达 2100 余人，是国家高新技术企业、工信部服务型制造示范企业、工信部绿色制造体系示范企业、国家知识产权优势企业、中国建设行业质量信用 3A 级单位、原环保部首批环保服务试点企业、工信部首批大气治理环保装备制造规范企业、山东省民营企业品牌价值百强企业、山东省节能环保产业示范企业、省级重合同守信用企业、山东省烧结机烟气污染防治科研施工单位。拥有建筑工程设计甲级、轻型钢结构工程设计专项甲级、建筑工程施工总承包一级、钢结构工程专业承包一级、钢结构制造安装一级、环境工程设计专项甲级、大气污染防治工程设计甲级、机电安装工程施工总承包一级、环保工程专业承包一级等近 20 项设计、施工、制造资质。

国舜集团采用 BOO、BOT、EPC、EPCO 等经营模式，主要从事环境友好型产品制造及服务（钢厂烧结机烟气、电厂燃煤锅炉烟气、焦化烟气、生物质锅炉烟气、工业窑炉等污染物排放治理投资、设计、建设、运营、咨询服务）和绿色钢结构建筑部品部件的生产及安装，通过了质量/环境/职业健康安全管理体系认证和知识产权管理体系认证。环保业绩占山东省 85% 以上、全国 40% 以上，市场占有率居山东省第一位，全国前三位。截至 2018 年底，完成日照钢铁、山钢莱芜钢铁、首都钢铁等共计 100 多项脱硫、除尘项目；完成华能、华电、国电、国投、大唐电力等共计 60 多项超低排放改造工程和 30 多个余热回收工程；完成山东魏桥集团、山东信发集团、上海宝钢等大型企业集团 100 多项火电锅炉超低排放改造工程；完成了河南济源钢铁、日照钢铁等多项脱硝、减白项目。

（一）制定绿色供应链管理战略，树立绿色采购理念

国舜集团高层领导对绿色供应链管理高度重视，将绿色供应链管理理念纳入企业发展战略规划，提高绿色经营意识，制定了环保战略、低成本战略、绿色产品战略等绿色战略。以经济效益和社会效益协调优化为绿色供应链管理目标，兼顾对环境的关注和利益的追求。以物资供应部为基础，在公司内部成立专门的管理小组，推进集团公司绿色供应链管理工作。

国舜集团的主营产品为大型绿色节能环保装备，在装备设计阶段充分考虑其资源利用和能量消耗，主要从装备设计的标准化、模块化、智能化、信息化设计上进行研究。在装备技术研发、设计、采购、制造等流程中，充分利用能源和节约资源，减少环境污染。同时，加强与供应商和客户的沟通，带动并与供应商和客户深度协作，不断降低环境风险，提高能源资源利用效率。

国舜集团在采购过程中从绿色材料的循环生命周期考虑，树立绿色采购理念，根据自身要求和环境法规要求制定了严格的《采购管理制度》和《供应商绩效评估制度》。通过调查问卷的方式获得供应商在生产过程的环境问题、有毒废弃物污染、是否通过 ISO14000、产品包装中的材料、危险气体排放等方面的数据并加以定量和定性分析，最终选择合适的供应商并与其保持长期合作关系。主动参与供应商的研发制造过程，向供应商传递企业自身和企业业主的环境要求，帮助供应商将要求融入业务之中。

（二）采用绿色工艺，强化绿色生产

国舜集团在装备制造过程中采用绿色工艺，在工艺方案选择的过程中对影响环境的因素加以分析，提高工艺选择简捷化程度，节约能源，减少消耗，降低工艺成本和污染处理费用等。以"设计标准化、构件部品化、施工装配化、管理信息化、服务定制化"为特征，整合设计、生产、施工、运维、回收等整个产业链，最大限度地实现节地、节能、节水、节材，减少污染，保护环境。为管理、生产、科研人员提供适用、健康、安全、高效使用空间。

（三）搭建绿色信息收集监测披露平台，建立与供应商和客户之间的信息交流机制

国舜集团建立信息平台，对环境保护国家政策、法律法规等信息及时分享学习，及时发布企业环保装备节能减排监测结果。同时收集绿色设计、绿色采购、绿色生产、绿色回收等过程的数据，建立与供应商和客户之间的信息交流机制。

（四）加强对供应商分级分类管理，和百余家绿色供应商保持长期伙伴关系

通过绿色供应链管理的实施，大大提高了国舜集团经济效益，也带来了巨大的社会效益，并使经济效益和社会效益协调优化，为企业可持续发展和品牌竞争力的提升奠定了基础。国舜集团现已与无锡畅悉环保设备有限公司、西安绿洲环保工程有限公司、浙江长城减速机有限公司、淄博华成泵业有限公司等100余家具有物料环保、污染防治、节能减排能力的绿色供应商保持长期伙伴关系。积极开展绿色工业烟气综合治理装备技术研究，形成了具有独立知识产权的工业烟气脱硫、湿式电除尘超低排放技术体系和产品系列，形成了以工业烟气治理为核心的"技术研发、设计、制造、施工、运营、投资"完整的产业链条，成为我国烟气污染物超低排放践行者。共完成近200套火电燃煤锅和钢厂烧结机烟气脱硫、湿式电除尘成套设备建设，实现了排放达标和长期稳定运行，成为国内节能环保领域龙头企业，五大电力公司超低排放优质品牌。被国家工信部认定为第一批"符合《环保装备制造业（大气治理）规范条件》企业"（第一批共7家企业）、被原环保部首批认定的山东省首家环保服务业试点企业、国家鼓励发展的重大环保技术装备依托单位、国家"守合同重信用"企业。

八十一、永钢集团：建立物质循环、能源循环、废弃物资源化供应链体系

> **编者按：**作为国内钢铁制造领域的绿色制造企业，永钢一方面做好自身的节能减排和环境保护工作，不断扩大对社会的有效供给；另一方面，引领带动供应链上下游企业持续提高资源利用效率，改善绿色环境绩效，实现绿色发展。永钢在绿色采购、绿色生产、绿色回收等方面的发展经验可为传统钢铁制造企业绿色发展提供借鉴。

江苏永钢集团有限公司（简称"永钢"）始创于1984年，经过30多年的发展，现已成为一家在全国钢铁行业中具有很强竞争力的民营钢铁企业，在中国民营企业500强中排名第115位，在中国民营企业制造业500强中排名第56位，现有员工1万余人。

永钢年产钢能力900万吨，主要产品有能源领域用钢、交通领域用钢、生活领域用钢，国内市场覆盖近30个省（自治区、直辖市），国际市场覆盖亚洲、欧洲、美洲、非洲、澳洲等全球100多个国家和地区，产品被应用到港珠澳大桥、上海中心大厦、新加坡滨海湾金沙酒店等知名工程。

永钢兼营物流、建设、金融、旅游等多元产业。在发展过程中，获得了"全国钢铁工业先进集体""全国守合同重信用企业""全国诚信守法乡镇企业""全国模范职工之家""全国推动绿色发展示范基地""绿色工厂""绿色供应链管理示范企业"等荣誉。

（一）坚持"绿色低碳"的商业模式，实施绿色供应商管理

永钢坚持"绿色低碳"的商业模式，按照绿色采购理念和要求，不断改进和完善采购标准制度，努力做到将绿色采购贯穿原材料、产品和服务采购的全过程。

永钢实施绿色供应商管理，在供应商的选择准入标准上，必须是符合国家产业政策和准入名单的供应商，并从物料环保、污染预防、节能减排等方面对供应商进行认证、选择和管理，定期对供应商进行审核和培训，推动供应商绿色发展水平持续提高，共同构建绿色供应产业链。从源头上严控原燃料微量元素超标；通过在大宗物资采购流程中实施有害元素控制、废旧物资安全、循环使用等方式，做到了对环境的"零污染"。

（二）积极使用光伏发电新能源，实现了绿色生产

永钢基于产品全生命周期的绿色设计理念，将环境保护、节能减排工作与生产经营活动紧密结合，积极采用新技术、新工艺、新材料、新设备，逐渐淘汰高耗能、高污染、高排放的设备、技术和工艺，全面提高企业环境保护和节能减排管理水平。

近年来，永钢积极开展各项节能减排工作，累计投入20多亿元，建设了脱硫、除尘、消噪、净水等200多项环保项目，实现了清洁生产。2018年，通过梳理又推进了钢渣处理、堆场封闭等17个项目，再投入20多亿元，进一步提升企业清洁生产水平。

永钢在生产中注重节能减排和资源综合利用，不断发展循环经济，积极使用光伏发电新能源，大胆采用《国家重点节能低碳技术推广目录》中的新技术，与科研院所合作攻克转炉渣余热回收等行业难题，在较短时间内完成了循环经济装备从无到有、由弱变强的蜕变，实现了绿色生产。

（三）建立物质循环、能源循环、废弃物资源化供应链体系

永钢大力发展循环经济。初步建立起物质循环、能源循环及废弃物再资源化的生产体系，在资源、能源利用效率及污染物排放指标等方面均达到国内同类企业的先进水平。在水、气、固体废弃物循环利用项目建设上，分别建设了处理能力达10000吨/天和25000吨/天的污水处理装置，并配套建设雨污分流系统，将南北厂区的污水收集后送至污水处理装置后回用。投资1.2亿元在2#450平方米烧结脱硫上成功实现了国内首套自主知识产权的活性焦多污染物协同处理工艺的顺利运行，综合脱硫率在90%以上，副产品为98%的浓硫酸，回收利用价值较高。综合利用各种不同物理化学特性的固体废弃物，建设矿渣微粉厂，将水渣加工成微粉后外销，提高水渣附加值；转

炉钢渣送往钢渣综合加工车间进行热闷处理后综合利用；对氧化铁、除尘灰、污泥等其他含铁固体废弃物，收集回用至烧结，实现资源再利用。严格遵守危险废弃物污染的防治制度，危险废弃物的转移均在获得环保部门审批后交由有资质单位进行安全处置，各类危险废弃物回收率100%。2018年8月，永钢联合苏州盈创3D打印公司积极探索钢渣等固体废弃物的循环利用工作，提高钢渣处理能力和技术水平，让固体废弃物处理变得简单、高效、绿色。

（四）将绿色理念融入整个供应链管理过程

永钢于2016年建立了供应链管理平台，作为供应管理一体化运营平台，为采购、销售、结算、物流等业务提供了信息化服务和管理支撑，实现了信息互通和资源共享，并为供应商和客户提供了全流程的交易、物流信息等方面服务，降低了交易成本，堵塞管理漏洞，提高了工作效率。永钢坚持可持续发展的管理模式，将降低成本耗用、实现无纸化操作、标准化流转思想贯穿整个供应链管理的始终，遵循了可持续发展的理念。

供应链管理系统是一个闭环的管理系统，它将绿色理念融入整个供应链管理过程中，以合同信息、物资信息、客商信息为基础监控供应链的物流管理、库存管理、原辅材料管理，确保经济效益和环境效益的统一。同时，供应链管理系统以内部ERP系统平台为支撑，与生产、运输、销售等数据接口对接，实现完整的绿色物流。在生产过程中产生的废品、废料和在运输、仓储、销售过程中产生的损坏件及被用户淘汰的产品均实现回收处理。

八十二、远大空调：绿色供应链助推燃气分布式能源集约化发展

编者按：作为国内非电空调生产领域的绿色制造企业，远大空调一方面建设绿色互联网信息平台，实现绿色供应商管理；另一方面，通过技术革新、节能降耗等方式实现清洁生产，极大降低"三废"排放。远大空调在原料绿色化、绿色供应商管理、生产洁净化等方面的发展经验可为传统空调生产企业绿色发展提供借鉴。

远大空调有限公司（简称"远大空调"）是远大科技集团子公司，是全球规模最大的以生产非电空调（采用废热、燃气作驱动能源的溴化锂吸收式冷（温）水机组，简称"非电空调"）、节电空调、燃气分布式能源系统、吸收式热泵、烟气及余热余压回收节能设备为主的国家级高新技术企业。远大空调以非电空调产品享誉全球，产品已销往全球80多个国家，在南美第一高楼、北京第一高楼、欧洲最大机场和亚洲最大机场等具有世界影响力的标志性建筑上都得到应用，产品在中国及欧美市场占有率第一。远大空调的所有产品均为自主独创，均以节能、降低用户运行能耗为核心。远大空调坚持技术创新，以独创技术为理念、以保护生命为宗旨。远大空调拥有100多项非电空调专利技术，全部产品拥有自主核心知识产权；拥有国家级企业技术中心，立足于非电中央空调领域的高技术攻关，具备系统的前瞻性技术研发、工程研究试验、系统集成验证等综合性研发能力，使我国的绿色空调领域始终处于国际领先水平，从而带动我国节能环保领域技术不断突破创新，推动整个产业的国际竞争力不断提升。

（一）实施原料绿色化

公司采购原料制定了严格的限定门槛，所有原料均需提供合格的质检报告，原料中有害物质成分不得超过相关标准限值要求。公司优先采购对人体和环境无影响或影响小的原辅材料，不断探索采用更符合节能环保要求的绿色材料。

（二）建设绿色供应链信息平台，为供应链协同绿色化升级改造提供信息技术支撑

远大空调绿色互联网信息平台以现有采购平台、远大全球监控系统和能源管理系统为基础，通过与供应链上下游企业建立信息共享的合作与交流机制，收集绿色设计、绿色采购、绿色生产、绿色回收等过程的数据，实现全生命周期评价、绿色供应商管理、信息披露等功能。绿色互联网信息平台将作为远大空调与各行为主体之间的重要绿色供应链信息平台，并以其为载体完善供应链体系，实现了与上下游企业的系统和数据对接，充分发挥平台的资源集聚、供需对接、信息服务等优势，为供应链协同绿色化升级改造提供信息技术支撑。

（三）引进节电空调水盖机器人，极大提升生产洁净化、废物资源化及能源低碳化水平

坚持从源头削减污染，不用污染工艺，避免污染源的产生，废弃物全部回收。为了大幅度提升生产洁净化、废弃物资源化及能源低碳化水平，工厂新引进了节电空调水盖机器人、高效烟尘净化器等34项智动化设备和装置，减少了人工、加工余量及次品，改善了操作作业环境，并逐步更新成了能耗低的设备；工厂在车间内细化了余料分类要求，安装了12类车间垃圾及余料箱，以利于余料回收并循环再利用。采用抛丸工艺代替酸洗、超声波清洗方式降低清洗剂用量。通过技术革新、节能降耗、错峰用电，高效照明实现清洁生产，降低了生产过程中三废的产生和排放，降低了单位产品生产能耗。

远大空调以节能、环保产品为企业生存之道，结合全生命周期的绿色制造体系，所开发生产的热水型、蒸汽型、烟气型非电空调主要应用于工业废热水、废蒸汽、废烟气的回收和利用，集成的燃气分布式能源系统（CHP）

更是将一次能源利用效率提高到 80%以上，是目前燃气利用最高效的一种应用模式。远大空调通过一年时间开发了全球首套"工厂化 CHP 成套产品"，并在延安新区正式投运，成套系统按照标准化设计、工厂化预制、模块化安装、智能化调试。比传统模式节省 30%用地、20%初投资、20%运行费用，缩短 50%工期，提升 15%系统运行效率。破除行业"投资易、运行难"的怪圈，助推燃气分布式能源市场迈向集约式发展之路。

八十三、天能集团：建立可追溯的绿色回收体系和运行机制

编者按：作为国内蓄电池制造领域的绿色制造企业，天能集团一方面设有独立的能源监测部门，配备能源监测设备，长期对能源进行检测；另一方面，建立废旧电池回收和处理体系，从而建立了可追溯的绿色回收体系和运行机制。天能集团在绿色回收体系、绿色供应链管理、绿色供应链信息管理平台等方面的发展经验可为传统蓄电池制造企业绿色发展提供借鉴。

天能集团（河南）能源科技有限公司（简称"天能集团"）是天能集团在河南濮阳投建的全资子公司。主要从事蓄电池、极板制造；动力电源技术开发；蓄电池配件（电池外壳、隔板）制造及公司自产产品的销售；外购电池、极板、电池配件的销售；废旧电池回收处理。公司拥有国家高新技术企业、河南省节能减排科技创新示范企业等多项荣誉，目前拥有已授权实用新型专利73项，已受理发明专利9项。天能集团上游原材料供应商主要有湖南省水口山宏兴化工有限责任公司、河南金利金铅集团有限公司、济源市万洋冶炼（集团）有限公司、濮阳市汇通科技有限公司等30余家。下游客户为爱玛集团、雅迪集团、江苏新日等国内电动自行车、电动车辆等知名生产企业。

（一）设立绿色供应链管理部门

天能集团编制了《天能集团（河南）能源科技有限公司绿色供应链管理规划》，在制定公司总体发展战略规划时就将绿色供应链管理规划纳入其中，将绿色供应链管理提高至战略高度。从绿色供应商管理、绿色生产管理、绿色回收体系、搭建绿色信息收集监测披露平台等关键环节制定了绿色供应链

管理实施目标，并且设立了绿色供应链管理部门。

（二）积极对供应商进行绿色认证

天能集团自成立之日起就树立了绿色采购理念，采购过程中充分考虑环境效益，优先采购环境友好、节能低耗和易于资源综合利用的原材料、产品、服务，制定了一系列的标准和措施，对供应商进行绿色认证、选择、管理、审核、培训、风险评估，推动供应商持续提高环境管理水平，共同构建绿色供应链。

（三）采用膜过滤技术对污水进行脱盐处理，提高水资源回用率

公司树立了基于产品全生命周期的绿色设计理念，着重考虑动力电池的环境属性（可拆卸性、可回收性、可维护性、可重复利用性等），在满足电动车辆行驶里程及其他基本功能的同时，还考虑所选用的电池对环境的影响程度，在满足环境目标和节能目标要求的同时，保证产品应有的功能、使用寿命、质量等要求。采用先进的清洁生产技术和环保设备对铅粉制造工序、分刷板工序、铸焊工序、内化成工艺升级等工序进行改造，并采用膜过滤技术对污水进行脱盐处理，提高水资源回用率，以实现从源头减少铅污染物产生和排放，降低对人体健康和生态环境安全的影响。公司年节约电解铅 65 吨、合金铅 50 吨、98%硫酸 110 吨，年节约用水 5.94 万吨，蒸汽 3344 吨、电力 894 万度，生产过程中的边角料和废弃物回收率接近 100%。清洁生产改造后废水排放量减少 34.6 万吨/年，废水铅排放量减少 61.9 千克/年，废气排放量减少 6924 万立方米/年，铅排放量减少 110.78 千克/年，达到清洁化生产目的与要求。

公司已通过质量管理体系认证、环境管理体系认证以及职业健康安全管理体系认证。设有独立的能源监测部门，配备能源监测设备，长期对能源进行检测。公司设有独立的环境监测部门，配备污染物监测，各项污染物排放经濮阳市环保监测站监测，符合相关标准规定。公司按照国家有关规定，生产过程中产生的污染物委托专业的危险废弃物处理单位进行处理。

（四）建立可追溯的绿色回收体系和运行机制

天能集团依照循环经济的理念，与天能集团（濮阳）再生资源有限公司共建废旧电池回收和处理体系，建立了完善、可追溯的绿色回收体系和运行

机制。在公司网站上定期发布产品和包装回收信息，对废旧产品和包装进行回收，产品和包装回收率逐年递增。公司建立了废旧电池回收拆解信息管理系统，通过该系统可及时传递和追溯废旧电池的拆解信息，年回收拆解废旧电池 2.1 万吨，大大减少了环境污染和能源资源消耗。

（五）建设绿色供应链信息管理平台，每年发布社会责任报告

公司通过天能集团官网设立了绿色供应链信息管理平台，发布绿色设计、绿色采购、绿色生产、绿色回收等过程的信息，每年发布社会责任报告。在绿色供应链信息管理平台定期发布清洁改造、节能减排、低风险供应商占比、供应商节能减排、有害物质使用办法等信息。

八十四、华为终端：建设供应链全球回收体系

> **编者按**：作为国内智能手机、电脑制造领域的绿色制造企业，华为终端一方面提出以市场为导向的绿色供应链模式，另一方面主动履行生产者责任延伸义务，建设全球回收体系。华为终端在绿色采购、供应链发展模式、供应商管理等方面的发展经验可为传统智能手机、电脑制造企业绿色发展提供借鉴。

华为终端（东莞）有限公司（简称"华为终端"）隶属于华为技术有限公司，是华为四大业务群之一。华为终端产品覆盖手机、移动宽带、融合终端、视讯等多种形态的产品系列。华为终端在美国、瑞典、俄罗斯、印度、北京、上海和深圳建立了研发中心，销售服务网络覆盖70多个国家，建立了以乌法、阿姆斯特丹、开罗、迪拜、里约热内卢为中心的物流网络，覆盖全球市场，为客户提供优质快速的服务。目前，华为终端产品服务"世界电信运营商50强"中的48家，成为BT、Vodafone、Telefonica等世界领先运营商的战略合作伙伴。通过终端产品的定制，增加产品的附加功能，华为终端为运营商提供质量高、价格优、服务好的产品，帮助运营商降低运营成本并快速发展用户。华为终端在公司可持续发展策略指引下始终贯彻"绿色管道、绿色运营、绿色伙伴、绿色世界"的环保战略，积极构建绿色供应链，推行供应链有害物质替代与减量化、推动绿色产品和绿色包装设计、推广环保材料应用、公开发布产品环境足迹评价报告（碳足迹/水足迹/材料足迹）、推行绿色伙伴认证等绿色环保创新，华为目前通过认证绿色伙伴供应商达145家。

（一）发布绿色采购宣言，建立绿色采购认证管理体系

2006年，华为发布绿色采购宣言，向社会承诺在效能相同或相似的条件下，优先采购具有良好环保性能或使用再生材料的产品。建立绿色采购认证管理体系，对采购的产品和服务进行绿色认证。不采购违反环保法律法规企业的产品或服务。2008年华为同深圳市原环保局签署了《深圳市企业绿色采购合作协议》。华为将供应商的可持续发展绩效与采购份额、合作机会挂钩，对绩效表现好的供应商，在同等条件下优先采购其产品或服务。

（二）提出以市场为导向的绿色供应链模式

2014年，华为公司与深圳市人居环境委员会联合发起了"深圳市绿色供应链"试点项目，提出以市场为导向的绿色供应链模式，通过节能、环保改造，提升企业市场竞争力。该项目在对供应商进行信息收集、筛选、评估与考核的基础上，针对性地组织了一系列研讨培训及专家现场技术辅导活动，交流行业中的先进环保技术，帮助供应商挖掘节能减排潜力。对主动实施污染防治设施升级改造的供应商，在资金扶持上给予倾斜。同时，该项目帮助华为公司完善了绿色采购基准，健全了绿色供应链管理体系，让企业的环境管理模式从被动转变为主动，实现从原有末端治理的管理模式转变为全生命周期管理模式，从产品的开发、生产、分销、使用及回收到废弃物管理等全过程实现环境友好。在此基础上，委托第三方技术机构开展绿色供应链课题研究，总结华为试点经验，编写《深圳绿色供应链指南》。

（三）与供应商签署供应商企业社会责任（CSR）协议

华为终端在绩效评估过程中，建立了问题处理和退出机制。在供应商选择过程中，华为将可持续发展要求纳入供应商认证和审核流程，所有正式供应商都要通过供应商认证。华为主要采用公众环境研究中心（IPE）全国企业环境表现数据库调查供应商，进行供应商认证及选择。华为基于电子行业行为准则（EICC），与正式供应商签署包括劳工标准、安全健康、环境保护、商业道德、管理体系及供应商管理等要素在内的"供应商企业社会责任（CSR）协议"。对供应商的绩效评估，一是采用IPE的蔚蓝地图数据库定期检索近500家重点供应商在中国的环境表现，推动供应商自我管理；二是对

供应商进行风险评估和分类管理，将供应商分为高、中、低三级风险，对于高风险供应商进行现场审核，中风险供应商进行抽样现场审核；三是根据供应商现场审核及整改情况评估供应商可持续发展绩效，将供应商分为 A（优秀）、B（良好）、C（合格）、D（不合格）四个等级，评估结果内部公布，并由采购经理向供应商高层传达，推动供应商整改。如果供应商持续低绩效，将降低供应商采购份额直至在供应商目录中剔除。

八十五、通用电气：供应链协同实施绿色创新项目

> **编者按：**作为国内飞机发动机、发电设备、医疗器械等制造领域的绿色制造企业，通用电气一方面实施绿色供应链创新项目，另一方面实施绿色生产数字化解决方案，优化节能管理成效。通用电气在供应链创新、数字化解决方案、绿色采购等方面的发展经验可为传统飞机发动机、发电设备、医疗器械等制造企业绿色发展提供借鉴。

通用电气公司（简称"通用电气"）是世界上最大的多元化服务性公司，从飞机发动机、发电设备、医疗器械、数字化工业到金融服务。随着采购量的不断增加，通用电气对于绿色供应链的管理也秉持持续改进、在中国为中国（in china for China）的原则，继续推动对中国所有供应商的绿色要求，增加节能减排，企业环境信息公开等内容。对于战略供应商，则通过绿色供应商创新项目（GSI），整合公司内部各工业集团先进装备和技术，协同优质外部资源，提升金融和技术创新能力。

（一）供应链协同实施绿色创新项目

早在 2004 年，通用电气供应链可持续发展部就开始在中国推行绿色供应链管理，10 余年来共涉及供应商 4500 多家，发现并推动供应商解决了约 16500 项涉及环保问题的项目。同时，通用电气也意识到，在绿色供应链管理中发现的供应商安全、环保和劳动用工问题，归根结底都关乎节能减排和生产效率，一个企业生产所用的能源材料投入，减掉环境的排放和能源消耗，才是企业所能得到的产品。通用电气在实施供应商绿色审核和认证过程中，深刻地理解到，如果能帮助供应商有效和可持续地减少排放和能源消耗，实现绿色转型，增产增效，那将是通用电气和供应商的共同利益所在。这也促使了在 2014 年开始实施绿色供应链创新项目（GSI）。

（二）实施绿色生产数字化解决方案，优化节能管理成效

绿色供应链创新项目充分发挥了通用电气全球领先的数字化工业公司这一优势。它首先选取了最具成本效益的产品组合，并利用数字化解决方案，优化节能管理成效。同时，它依靠通用电气强大的大数据分析团队，建立了环境经济投入产出全生命周期分析（EIO-LCA）模型，实现最佳的绿色设计。利用制造能源管理系统（MEMS）高级数据分析平台，推进工业经济数字化，帮助供应商实现绿色制造。通用电气在中国西部一大型铸造行业战略供应商实施了一个 GSI 项目。它通过选取最具成本效益的产品组合，并利用数字化解决方案，提升节能管理成效。

八十六、TCL 集团：建立供应链绿色采购管理平台

> **编者按**：作为国内彩电制造领域的绿色制造企业，TCL 一方面建立了彩电制造企业和上、下游厂商以及客户间的绿色战略联盟，形成了一种绿色意识同步、绿色标准统一的一体化运作模式；另一方面，建立绿色循环全流程。TCL 在采购招标管理、整合上下游资源、绿色产品等方面的发展经验可为传统彩电制造企业绿色发展提供借鉴。

TCL 集团（简称"TCL"）创立于 1981 年，已发展成为全球化的智能产品制造及互联网应用服务企业集团，在全球有 23 个研发机构、21 个制造基地和 82000 多名员工，在 80 多个国家和地区设有销售机构，业务遍及 160 多个国家和地区，产品覆盖彩电、手机、家电、液晶面板等领域，同时从事销售、物流、产业金融、互联网增值服务以及相关投资业务。TCL 是中国彩电企业中唯一拥有屏、模组、芯片、组装垂直一体化资源的企业。为适应以"互联网+"为代表的新产业革命浪潮，从 2014 年起，TCL 集团开始向"智能+互联网""产品+服务"转型升级。TCL 集团通过与供应商进行协同创新，持续改善绿色供应链管理水平，使产品和服务符合社会可持续发展的要求，构建了更为和谐的产业绿色生态系统。

（一）建立供应链绿色采购管理平台

公司建设了采购招标管理平台，建立了采购计划与预算子系统、供应商开发管理子系统、采购物流子系统、采购绩效评估子系统、采购信息子系统、工作程序与作用流程子系统和采购策略规划子系统等系统流程。公司建立了绿色采购标准制度、供应商认证体系、供应商绩效评估制度，及环保标识管理制度，购置了必要的检测仪器对所有来料进行环保检测或第三方检测，要求供应商签署禁用物质环保声明，并提供原材料及零部件的材料宣告表。

要求供应商建立相应的有害物质质量管理体系，严格控制材料和生产过程，确保所提供部品符合环保要求。公司定期对供应商进行风险评估和培训，对风险较高的供应商进行专项环保审核，发现问题，及时督促纠正。使新导入供应商绿色合格率达到95%以上，对不合格供应商实行RoHS一票否决。

TCL已建立绿色制造信息化平台，并正在完善企业资源计划管理系统（ERP）、供应链管理系统（SCM）、客户管理系统（CRM）、仓储管理系统（WMS），将可实现产品全寿命周期管理（PLM）。

（二）采用蒸汽注塑技术，极大降低能耗、水耗

TCL的高光产品蒸汽注塑技术，取消了污染严重的喷涂工艺，省去了二次加工，大幅降低了单位产品的耗电、用水量。TCL获得中国专利金奖的"液晶电视背光控制系统及方法"，可降低彩电功耗达40%以上。待机功耗小于0.1瓦，优于欧盟和行业水平。

（三）建立绿色循环全流程

TCL建立了"原材料—生产—销售/使用—回收—拆解/加工—原材料"的绿色循环全流程。TCL在天津建设了家电拆解基地、在惠州收购"奥美特"进入危废行业、在汕头成立家电拆解工厂，并投资3亿元在惠州建设"TCL环境科技新基地"，打造了珠三角最大的家电环保产业。

八十七、超威电源：建立电池全生命周期
物联网管理系统

编者按：作为国内电池制造领域的绿色制造企业，超威电源一方面建立电池全生命周期物联网管理系统，另一方面参与成立中国电池产业绿色循环发展联盟。超威电源在供应商管理、物联网管理系统、成立联盟等方面的发展经验可为传统电池制造企业绿色发展提供借鉴。

超威电源有限公司（简称"超威电源"）成立于 1998 年，位于中国绿色动力能源中心浙江省长兴县，是一家专业从事绿色动力与储能电池研发、制造、销售的行业龙头企业。公司主导产品为动力型蓄电池和储能型蓄电池，广泛用于电动汽车、电动自行车、电动观光车等清洁能源电动车辆及风光发电储能领域。公司通过管理体系创新、技术创新、工艺优化、高功效先进技术及装备的采用、生产过程低碳的控制、调整产能结构、人才队伍的吸收、引进等方式，追寻绿色、循环经济发展道路。先后获评国家首批生产者责任延伸试点企业、工信部生态（绿色）设计试点企业、国家重点高新技术企业、国家技术创新示范企业、国家知识产权示范单位。

（一）和供应商建立既有管控又有协作的新型绿色伙伴关系

超威电源和供应商建立了既有管控又有协作的新型绿色伙伴关系，建立了健全的供应商管理制度和标准化、规范化的供应商评价程序。每个供应商都建有供应商信息档案，同时制定了完善的《供应商管理制度》，把供应商引入、评估、过程控制、年度考核等各环节标准化，将"来料合格率"作为采购排单量的重要依据，为成品的合格率提供源头保证。此外，督促供应商关注环境治理和社会责任，向供应商提出环境治理要求，按照年度填报环境管理调查表和供应商社会治理报告，包括节能减排、生产者责任等内容。在

对供应商严格管控的同时，也注重对供应商的培训和协同创新。

（二）建立电池全生命周期物联网管理系统

超威电源创立了全行业废铅酸蓄电池"互联网+再生"模式，在电池行业率先开发建立了电池全生命周期物联网管理系统，并实行了电池身份证编码管理，在电池生产过程中植入身份证信息，采集从供应商到产品生产销售的各类数据信息。

电池被废弃后，申报企业借助营销网络系统进行回收，并将回收后的废旧铅酸蓄电池转移到规范的再生铅企业，委托规范再生铅企业进行再生，最后将再生得到的原材料金属铅用于电池产品制造。

（三）参与成立中国电池产业绿色循环发展联盟

超威电源在行业内牵头组建了国家环境保护铅酸蓄电池生产和回收再生污染防治工程技术中心，并参与成立中国电池产业绿色循环发展联盟、全国首个电池污染防治和救助专项基金，带动上下游企业共同实现绿色发展。

八十八、保山海螺：建立供应链绿色绩效评价体系

> **编者按：** 作为国内水泥制造领域的绿色制造企业，保山海螺一方面对水源泵站进行远程控制，提升智能化水平；另一方面，加大在线监测运行管理。保山海螺在供应商管理、远程控制、在线监测等方面的发展经验可为传统水泥制造企业绿色发展提供借鉴。

保山海螺水泥有限责任公司（简称"保山海螺"）成立于 2011 年 6 月 27 日，是安徽海螺水泥股份有限公司在保山市投资建设的水泥熟料生产基地，位于保山市隆阳区汉庄镇团山村，距离市区约 20 千米，交通便利。现拥有 1 条日产 4500 吨熟料生产线，配套 9 兆瓦纯低温余热发电系统和 2 套 φ 4.2×13 米带辊压机水泥粉磨系统，年产熟料 135 万吨、水泥 200 万吨。

（一）建立供应链绿色绩效评价体系

保山海螺持续做好原料及辅材备品备件调研招投标工作，制定供应商绩效评价标准，对供应商分级评价和管理，优化供应渠道。初次使用原燃材料时利用第三方检测机构进行检测，后续每年进行一次检测。对供应商进行绿色供应链管理意识、知识和能力培训。

（二）对水源泵站进行远程控制，提升智能化水平

保山海螺对水源泵站进行远程操控改造，实现对一、二级泵站进行远程控制，节约人力、物力消耗，提升智能化水平。石灰石混合材输送通道技改，减少纯石倒运量，避免二次倒运，提高劳动生产率，降低倒运期间扬尘污染环境。延长石灰石堆棚，增加原材料库容，提高储备周期，减少设备频繁开停机，降低电耗。危废集中储存并登记规范，定期委托有资质的单位进行处理，提高回收效率。定期召开客户座谈会，以便绿色供应链管理要求得到客

户理解和支持。

（三）加大在线监测运行管理

保山海螺开展水泥包装粉尘治理方案制定及技改工作，降低现场无组织排放。落实做好年度检修期间各环保设备的大修和维护保养工作，确保废气、氮氧化物等达标排放。持续维护好污水处理、在线监测环保设施、设备及绿化喷灌设施，确保废水"零排放"。进一步加大在线监测运行管理，确保年度 NO_x 排放在控制范围内。